清华学子 走近社会

何建宇 主编

人民出版社

责任编辑:姜　玮

图书在版编目(CIP)数据

清华学子走近社会/何建宇 主编. -北京:人民出版社,2014.11

(信仰·信念·信心——清华学子学习思想政治理论课成果丛书)

ISBN 978 - 7 - 01 - 014113 - 8

Ⅰ.①清…　Ⅱ.①何…　Ⅲ.①大学生‐社会实践‐中国　Ⅳ.①G642.45

中国版本图书馆 CIP 数据核字(2014)第 249123 号

清华学子走近社会

QINGHUA XUEZI ZOUJIN SHEHUI

何建宇　主编

人民出版社 出版发行

(100706　北京市东城区隆福寺街 99 号)

北京瑞古冠中印刷厂印刷　新华书店经销

2014 年 11 月第 1 版　2014 年 11 月北京第 1 次印刷

开本:710 毫米×1000 毫米 1/16　印张:11.75

字数:180 千字

ISBN 978 - 7 - 01 - 014113 - 8　定价:33.00 元

邮购地址 100706　北京市东城区隆福寺街 99 号

人民东方图书销售中心　电话 (010)65250042　65289539

编辑委员会

总　序

陈　旭

（清华大学党委书记）

大学阶段是青年世界观、人生观、价值观形成的重要时期。习近平总书记在"青年要自觉践行社会主义核心价值观——在北京大学师生座谈会上的讲话"中指出："青年的价值取向决定了未来整个社会的价值取向，而青年又处在价值观形成和确立的时期，抓好这一时期的价值观养成十分重要。这就像穿衣服扣扣子一样，如果第一粒扣子扣错了，剩余的扣子都会扣错。人生的扣子从一开始就要扣好。"高校思想政治理论课是大学生思想政治教育的主渠道，是对大学生进行系统的马克思主义理论教育的主课堂，在塑造青年大学生正确的价值观方面，有着重要而不可替代的作用。

清华大学具有学习、研究、宣传马克思主义的光荣传统。解放初期，清华大学党组织领导学校的重要措施之一，就是对广大师生进行马克思主义教育，专门请了艾思奇同志来学校给师生上大课，讲述历史唯物主义基本原理。学校在设计新的教学体系时，非常重视政治理论课的建设，学校的主要领导包括蒋南翔、艾知生、何东昌等同志都兼任过哲学教研组主任，并在大礼堂为学生讲课。学校在上世纪五十年代着手培养了一支马克思主义理论研究与教育师资队伍，课内课外相结合，对学生加强马克思主义理论与思想政治教育，引导学生坚定正确的政治方向，树立科学的世界观、人生观、价值观，培养出了大批为学、治国、兴业的又红又专的优秀人才。改革开放后，清华大学在学习宣传马克思主义、开展马克思主义理论研究、推进思想政治理论课改革等方面一直努力争先，积极探索，辛勤建设，取得了丰富的经验和突出的成绩。

近些年，清华大学思想政治理论课教师着力在"真信""真用"、"入脑"、"入心"上下工夫，采取一系列教学改革措施，提高了教学的针对性、吸引力、感染力、亲和力和实效性，思想政治理论课成为学生真心喜爱、终生受益、毕生难忘的优秀课程。近些年来，清华大学先后有五门思想政治理论课被评为国家精品课程，一项教改成果获第五届国家级教学成果一等奖，一项教改成果获第六届国家级教学成果二等奖；清华大学思想政治理论课教学团队先后被评为北京高校马克思主义理论与思想品德课重点建设示范单位，"北京高校德育工作先进集体"、"北京市优秀教学团队"和首届"国家级教学团队"，成为全国首个思想政治理论课国家级教学团队。

为了总结和集中展示近些年来思想政治理论课改革和建设的经验和成果，有效发挥清华大学在全国高校思想政治理论课改革和建设中的引领和示范作用，清华大学编辑出版这套丛书。丛书包括九册：《清华学子的中国梦》、《清华学子的人生启航》、《清华学子学理论读经典》、《清华学子走近社会》、《清华学子谈理想信念》、《清华学子看改革开放》、《清华学子议国情》、《清华学子诗说中国近现代史》、《清华学子画说中国近现代史》。丛书各分册，分别由清华大学马克思主义学院教师担任主编，精选清华大学本科生学习思想政治理论课作品，按类汇编成册，真实地、集中地反映了近些年清华大学本科生学习思想政治理论课的情况，也从一个侧面反映了全国高校大学生学习思想政治理论课的情况。同时，透过学生的作品，我们可以一定程度地感受到当代大学生的精神风貌和价值追求。

这套丛书主要是尝试从"学"的角度，集中反映清华大学思想政治理论课教学的成果。应该说，从"教"的角度夹看，近些年，全国高校思想政治理论课改革和建设取得了突出的成绩，教学状况得到明显的改善，例如，随着马克思主义理论一级学科的设立，马克思主义理论学科得到加强，高校思想政治理论课有了强有力的学科支撑；随着全面反映马克思主义中国化最新理论成果的思想政治理论课全国统编教材的编写和使用，思想政治理论课教学有了科学的、权威的基本遵循；随着对思想政治理论课教师队伍的培训培养力度的加强，教师的整体素质得到明显提升和精神面貌有了明显改善；随着教学内容的不断完善和教学方法的改进，思想政治理论课课堂教学效果不断提高。但是，高校思想政治理论课教学改革的实效性归根到底要落到"学"上，也就是，要把学科优势、科研优势、教材优势、队伍优势等等转化为学生"学"的实际效果。本套丛书就是以清华大学为例，从学生学习思想政治理论课的作品来看近些年全国思想政治理论课教学改革的成效。

2013 年 11 月，习近平总书记对思想政治理论课作出重要批示，明确提出必须办好思想政治理论课，并指出关键是把教材编好，把队伍建设好，把课讲好。这充分体现了习近平总书记对高校思政课的高度重视，体现了习近平总书记对青年学生健康成长的殷切期望。我们要切实贯彻习近平总书记的重要批示精神，大力推进思想政治理论课教育教学改革，不断完善教学内容，改进教学方法，充分发挥好大学生思想政治教育主渠道作用。高校思想政治理论课教师要充分认清自己肩负的使命和责任，努力成为"有理想信念"、"有道德情操"、"有扎实学识"、"有仁爱之心"的好老师，在把青年大学生培养成"有信念、有梦想、有奋斗、有奉献"的中国特色社会主义建设者和接班人方面再立新功。

目　录

前　言

2005 年，中宣部、教育部发布了"思想政治理论课新课程方案"，要求所有课程都要加强实践环节。其中"毛泽东思想和中国特色社会主义理论体系概论"课（以下简称"概论课"）作为四门核心课之一，向学生介绍马克思主义中国化的主要理论成果，是一门紧密联系现实的思想政治理论课，尤其需要重视实践教学环节。清华大学"概论课"从实际出发，积极探索以组织学生"课前调研"为主要形式的社会实践，并与课堂教学紧密结合，在提高思想政治理论课教学的针对性和实效性方面，取得了较好的教学效果。本书就是过去三年部分优秀学生调研报告的汇集。

"概论课"的教学目的是引导大学生正确认识国情和社会主义建设的客观规律，正确认识自身肩负的历史使命。当今世界，正发生着巨大而深刻的变化，世界多极化和经济全球化的趋势日益明显，各种思想文化相互激荡。同时，随着我国改革开放的不断深入，我国经济成分、组织形式、就业方式、利益关系和分配方式日益多样化。面对国际国内的新形势和新挑战，"概论课"不仅要进一步明确课程的定位和教学指导思想，而且必须在课程体系和教育教学方法上进行改进和创新，特别是在增强时代感，加强针对性，突出前瞻性，提高实效性方面下工夫，才能使思想教育功能到位。开展社会实践教学，可引导学生走出课堂，深入实际、深入生活，了解基层，认识国情，冷静客观看待国情，正确认识当前错综复杂的国际形势，准确把握中国特色社会主义建设的客观规律，深刻认识自身所肩负的历史使命，是增强马克思主义理论教育吸引力、说服力、战斗力，并转化为当代大学生思想和行动指南的重要途径。

实践教学是寓教于"行"的教学方法，即通过引导学生有目的地参加各种社会实践活动，在实践中获得感性知识，促进知识向能力转化的方法。但实践性教学环节是一项涉及面广的系统工程，在实际教学过程中，很难让每一个学生在授课学期都能走出校门，到社会上进行社会实践。一是任课教师教学负担重；二是教学经费有限；三是缺少相对稳固的实践教学基地；四是无法确保学生的人身安全和财产安全。如何从教师和学生的实际出发，开展形式多样又适合自己特点的实践教学模式，多年来我们一直在探索，目前已形成了以组织学生开展"课前调研"为主要形式的实践教学模式。这种形式"投入少、产出高"、切实可行。我们的主要做法是：

首先，明确"课前调研"要求。通常我们是在本课的前置课程《马克思主义基本原理》课程教学即将结束时给每位同学发出"概论课""课前调研"的一纸通知。通知有三点要求：一是要求同学围绕课程内容，利用寒假就身边人、身边事、身边问题开展各种形式的社会调研，写出1500—2000字的调查报告。此要求是为了让学生了解社会现实，增强问题意识。二是要求同学列举自己关注的社会热点难点问题，以提高教师授课的针对性。三是要求同学提出开好这门课的建议，师生双方教学相长。此三项内容必须在上课的第一周交给授课教师，并由教师批阅、打分、点评。

其次，通过不断改革提升"课前调研"的质量。针对大二学生社会阅历不深、调研知识不足的实际情况，我们通过"课前调研"辅导、提供调查指南、推荐学长的优秀调研报告等做法，多方帮助同学做好课前调研。近几年来，学生课前调研的质量有了较为明显的提升。目前我们已经编辑整理了包括学生优秀调研报告在内的近30万字的《"概论课"学习成果集锦》，在同学中传阅、观摩，并听取学生的相关意见和建议，为今后更好地开展"课前调研"奠定了基础。

第三，"课前调研"受到学生普遍喜爱。原以为假期很短，组织"课前调研"学生不会有很大的投入，但完全出乎我们的意料，绝大多数同学都以极大的热情十分认真地进行了调研。开学第一周课程组的老师就会收到来自祖国大江南北的近3000多份学生的调研报告，这里有对改革开放后城乡面貌的描述，有各类企业的经验介绍，也有对日益严峻的"三农"问题、收入差距日益拉大问题、腐败问题、民主政治建设等问题的看法，还有对落后地区如何加快发展的政策建议，几乎囊括了建设中国特色社会主义理论与实践中所遇到的各种问题。我校新闻与传播学院李强同学撰写的《乡村八记》，是2005年"邓小平理论概论课"要求完成的寒假报告。报告被《人民日报》摘要发表，温家宝总理对该报告给予了高度评价，李强同学也因此荣获 2005 年度"三农"人物称号。

组织学生"课前调研""投入少、产出高"、切实可行，从 1996 年至今，我们已经连续坚持了 17 年之久。在教学中，我们深感"课前调研"形成了三方面的实效：

首先，以"课前调研"的热点问题为授课重点，增强课堂教学的针对性和现实感。马克思曾经有一句名言：问题是时代的格言，是表现时代自己内心状态的最实际的呼声。"概论课"的教学内容和教学方法必须随着社会的发展而充分体现出与时俱进的特点。在教学过程中，既要加强理论教学，把基本的道理讲深讲透，同时又要贴近大学生的思想实际和社会生活的实际。开展"课前调研"，由于学生事先参加了社会实践，是带着问题走进课堂，带着问题去学习的，因而对课程有着极其浓厚的兴趣，学习主动性也明显提高。我们在开学第一周要求同学交齐寒假报告，老师集中力量在很短的时间内对报告进行整理、分类、综合分析，然后在课堂上聚焦热点难点问题。比如对改革中出现的贫富差距拉大问题、对教育不公问题、对第二代农民工融入城市中急待解决的住房、社会保障以及大学生择业就业等他们普遍关注的问题，适时地进行了有针对性地授课和实事求是的分析。由于课堂授课是以学生们关注的问题为中心，引用的案例又是他们调查的事例，同学们听后倍感亲切，同时又解除了他们的疑惑，可以说是事半功倍。

其次，以"课前调研"的结果为重要依据，构建研究型的专题授课，实现教材体系向教学体系的转化。专题讲授是根据教学目标、课程内容以及学生的认知规律，把相关的知识、能力和价值观等内容有机结合设计出的专题教学形式。根据"概论课"教学大纲和国家统编教材的要求，结合同学"课前调研"所关注的热点难点问题，我们每位老师都设计了一系列以问题为导向的专题，如"改革前后三十年到底是什么关系？"讲授毛泽东思想与中国特色社会主义理论的关系，"国进民退，还是国退民进"结合社会的争论，讲授所有制改革以及社会主义市场经济的特征；"腐败能被治理吗？——执政党能力建设与挑战腐败"站着执政党能力建设角度讲授同学们高度关注的腐败治理问题等等。按照以学生为本位的指导思想调整教学内容，做到贴近学生思想实际，贴近学生遇到的现实问题，符合当代大学生接受教育的特点，不仅可以开阔学生的思想视野，避免空洞的说教，而且便于学生接受，使学生的个性得以充分发挥。

最后，以"课前调研"这一实践教学环节为龙头，带动其他教学环节的创新。以"课前调研"为主要形式的教学环节，拓展了课堂讨论的内容、增强了网络学堂的师生互动，创新"小组论文＋小组答辩"的考核方式，推动了以提高学生分析问题、解决问题能力为主要内容的考核方式的改革，调动了学生参与的热情。同时，调动了教师积极参加社会实践，指导学生实践活动的积极性。

多年来，"概论"课程组在开展"课前调研"为主要形式的实践教学方面做了大量的探索，并以此带动其他教学环节的改革与创新，教学效果显著。2009年和2010年课程组全体老师的教学评估均达到优秀，2010年课程组荣获清华大学教学成果一等奖。

本书选编的调研报告正是清华学子参与"课前调研"的成果中具有代表性的一小部分。为了兼顾代表性、时效性和可读性，所选的调研报告都是过去三年的选课学生完成的，涉及我国改革开放的方方面面。根据报告主题，这些报告被分为五编。第一编"挥斥方遒"是公共政策篇，涉及了养老、公共交通和火车票实名制等政策议题。第二编"关乎人文"是社会文化篇，涵盖了话剧市场、名人故居保护以及"我的中国梦"等文化议题。第三编"大国之基"是教育篇，这是学生们最熟悉的话题，三篇报告分别调查了大学生短期支教、取消竞赛保送的影响以及中小学校车的现状。第四编"乡土新声"是关于三农问题的调查报告，涉及了农村小额信贷、新农村合作医疗以及社会组织产业扶贫等方面。第五编"百行百业"是对不同社会群体的调研，选编了两篇对大学生所关心的村官和"蚁族"群体的调查报告。这些报告反映出当代清华学子强烈的社会责任感，以及对于我国改革发展的高度关注。通过"课前调研"，他们带着自己的关注问题，走入社会，了解国情，建立起与国家和人民最直接的感情；带着这些最鲜活的体验和发现，带着对问题进一步的追问，他们再回到课堂进行学习时，学习目的更加清晰，学习兴趣更加强烈。

因此，本书的出版，一方面是展示清华学子参加"课前调研"、学习"概论课"所形成的一部分学习成果，另一方面也是总结实践教学中所获得的经验，发现不足，并与读者一起交流共勉，共同探讨如何推进思想政治理论课的实践教学。我们的探索仍有诸多不足之处，学生们的调研报告也有诸多疏漏之处，敬请亲爱的读者们批评指正。

第一编

挥斥方遒——公共政策篇

厦门市养老院经营现状
及市民养老模式调查

林声巧　陈晓姝　储彤悦　蔡宗延

一、调查背景

20 世纪 80 年代开始实施的计划生育政策有效减缓了我国人口的增加，随之而来的是当前人口红利将消失、人口老龄化日趋加剧的局面，中国面临"未富先老"的窘境，对社会保障体系带来巨大压力，这其中最引人关注的问题之一是老龄人口带来的养老压力。本次社会调查以养老问题为核心，对福建省厦门市的养老院经营现状及市民养老模式进行了初步探究。

位于我国东南的厦门市环境优美气候宜人，在《财富》杂志针对全国五十座城市所进行的"2012 中国最适宜退休城市"调研中，厦门市以优越的自然环境和人文关怀位居"城市与自然环境最和谐的五个城市"及"幸福感最高的五个城市"之一。厦门市政府对社会福利重视程度不断提高，在"十二五"规划中作出了"养老床位破万"的安排。然而厦门民众在养老观念上趋于保守，养老模式选择相对单一，因而养老服务的供需关系处于微妙地位。本小组成员均来自厦门市，对家乡养老模式有进一步了解，并针对现存问题有所建议。

二、调查设计

本调查小组成员分别来自清华大学人文学院、机械系以及生命科学学院。在筹备会议上，组员就调查目的、方向、方法以及分工进行了讨论，最终达成调研方案。

实践前期为理论准备阶段。由小组不同成员负责相关法规政策的了解整理、相关学术研究的学习整理以及相关新闻报道的搜集，之后进行学习交流，对养老问题形成初步认识。

实践中期为调查走访阶段。小组决定采取电话咨询、实地走访、问卷调查三种形式，分别对厦门市民政局、厦门三家不同类型养老院（民办、公办、公建民营）、厦门市民众进行调查，采访内容以笔记、录音、照片、问卷数据等形式进行记录，对厦门市养老现状形成较为全面的认识和了解。

实践后期为资料整理阶段。小组成员合作整理采访内容及问卷数据，进行信息的汇总分析并撰写调查报告。最后形成完整规范报告并寄往厦门市民政局。

三、调查经历

（一）向民政局电话咨询，了解相关信息

在采访之初，我们首先联系了厦门市民政局，通过市民政局工作人员的帮助获取了统计截至 2011 年年底厦门养老院的基本信息和联系方式，以及由厦门市民政局所统计的相关数据。

通过比较数据，我们发现，厦门老龄化趋势不断加快，截至 2006 年初 60 岁以上老人 18.3 万，老年人口占户籍总人口比例 11.8%。截至 2010 年 1 月，60 岁以上老人 22.9 万，老年人口占户籍总人口比例 12.9%。截至 2011 年底，厦门市户籍老年人口 25.14 万，占全市户籍总人口的 12.96%。根据《厦门市"十二五"老龄事业发展规划》①，2015 年，厦门市老年人口将达 28 万，占全市户籍总人口 15.5%。厦门市人口老龄化趋势日愈显著，老龄人口显现出总量大、比重大的特点。老龄人口增长情况见

---

① 《厦门市人民政府关于印发厦门市"十二五"老龄事业发展规划的通知（厦府〔2011〕213）号》，http://shebao.xm.gov.cn/shfl/lnrfl/xqnlnrflxgdzcfgyjd/201208/t20120812_511571.htm。

图1。

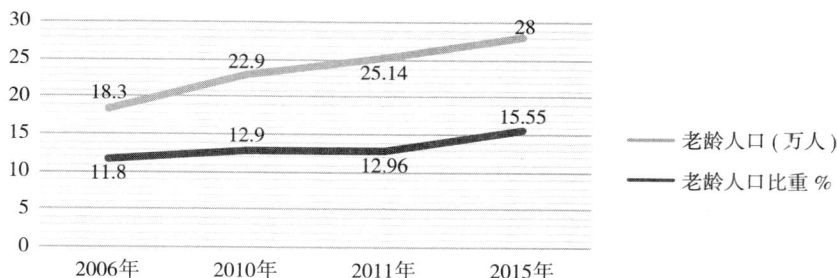

图1　厦门市老龄人口增长情况

厦门市现有养老院36所，其中公办养老服务机构6所（含两所公办民营）、床位2152张，护理人员238人，主要用于城区"三无"老人的供养；民办养老服务机构30所、床位3220张，护理人员386人，主要用于社会自费老人的代养。这30所民办养老服务机构有25所分布于岛内思明区、5所分布岛外（翔安区、同安区、集美区各1所，海沧区2所），其服务场所大部分为租赁社会闲置房屋承办。养老院数量地区分布较为均衡。厦门市养老院分布情况见图2。

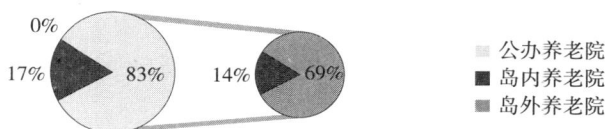

图2　厦门市养老院分布情况

根据《厦门市人民政府关于印发厦门市"十二五"老龄事业发展规划的通知（厦府〔2011〕213号）》，"十二五"期间，我市计划新增养老机构床位5020张（其中公办850张、民办4170张），分布情况为：市本级第二福利院300张（公办）、思明区800张（民办）、湖里区600张（民办）、海沧区600张（民办）、集美区800张（民办）、同安区1020张（其中公办250张、民办770张）、翔安区900张（其中公办300张、民办600张）。到"十二五"末，民办养老机构床位数占全市总床位数的比例力争达到70%，各区民办养老机构床位总数力争达到本区户籍老年人口总数的 20‰以上。

此外，民政局方面表示，对于民办养老院在 2012 年前实行的床位补贴标准为每年每床补贴 120 元，2013 年起每年每床补贴 1200 元。

（二）实地走访养老院

了解过厦门市养老院基本情况后，通过养老院名录上的联系方式，小组成员分别联系了厦门市社会福利中心（公办）、厦门市爱欣老年公寓（公建民营）、厦门莲花爱心护理院（民办）三所养老机构进行实地走访调查，目的在于了解养老院经营实际情况。

1. 采访爱欣老年公寓张玉虾院长

张玉虾女士是厦门知名爱心人士，经营厦门市爱欣老年公寓三所民办养老院，并负责管理公办养老院集美区社会福利中心。在 2005 年"感动厦门"人物评选中，张玉虾女士以"老人王"名号一度领先。现位于集美区塘埔路 171 号的爱欣老年公寓为公建民营型养老院，其建筑本身由政府规划兴建，后以招标形式由民办养老院进行经营。

张玉虾院长表示，自己从事养老行业已经 10 年了，先后从事过水产养殖和药品经营，后因身患精神疾病的母亲忽然走失，才决定放下先前的工作，投入养老行业中。"我是在找妈妈找不到的时候，才想到肯定有别的人跟我一样，希望老人有一个地方居住，这样就不会走丢。"

经营管理多家养老机构的张玉虾院长表示，民办养老机构一般都比较简陋，公建民营在设施上相对要好很多，公办的养老机构一般是面向三无老人和残疾老人的。目前位于集美区塘埔路 171 号的爱欣老年公寓共有 150 张床位，大约有 100 人左右入住，床位相对宽松。岛内床位的需求相对岛外紧张一些。厦门市目前有大约 5000 张床位，从理论上讲并不能满足 13 万老人养老需求（依照国际通行 3%—5% 标准）。但实际上，由于厦门市民观念的相对保守，理论上无法满足需求的 5000 张床位并没有住满。

在养老院管理方面，目前爱欣老年公寓对于接收的老人均有无精神疾病、无传染病的要求，并依据其老人身体情况，分为"自理""半护""全护""特护"四等，提供不同的护理服务和收取不同费用，对家乡养老模式有进一步了解，并针对现存问题有所建议。收费标准大致如下：

表1 厦门市爱欣老年公寓收费标准

	服务内容	费用/人/月
自理	体检，卫生	2200—2400
半护	体检，卫生，端茶送水	2400—2800
全护	体检，卫生，协助行走，洗澡	2800—3200
特护	体检，卫生，日常起居照料（包括饮食）	3600

院中选择半护老人人数最多，其次为全护，再次自理，最少的是特护。选择半护的多为本地老人，自理多为外地老人在厦门旅游养老。身体健康能够自理的本地老人很少到养老院。张玉虾院长说："观念上还是没有改变。'金窝银窝不如自己的狗窝。'再加上子女把老人送到养老院容易遭到指责，这个观念很难改变。"

目前爱欣老年公寓大约有30名工作人员，其中包括护士、护工、社工、厨师、前台、卫生工、医疗师，其中护士5人，护工按配比，约每8到10人安排一名护工进行护理。社工则负责组织志愿者和老人活动。工资待遇大概在每月2000—4000元。护工部分有执照，另外一部分依靠内部培训，目前人手相对适中。现阶段张院长所经营的爱欣老年公寓尚能维持微利。"我们勉强能够维持，很多养老院已经很难继续做了。"

当谈到目前养老院运营的困难时，张玉虾院长表示，困难来自很多方面。

首先是护理工作的专业性。"例如老人时常需要人协助清洗身体，这不仅是脏活累活，而且还有可能伤到老人。"其次是资金不足，目前新出台的规定每个床位每年补贴120元，补贴较少。缺乏灵活的资金运转，养老院设备需求很难满足。"这一点公办民营稍好，但民办就很难达到要求。"对于养老院经营最大的问题在于观念。许多人不仅把"送老人到养老院"视为"不孝"，还把"孩子到养老院工作"视作"孩子无能"。经营养老院、照顾老人需要许多专业医护人员，但大学生都不愿意来做。不过，在张玉虾女士从事养老院经营的10年中，无论是民众还是政府的观念上都有很大改观，"作为一个养老院的经营者，我们不仅要负责把老人照顾好，更需要向全社会做养老消费理念的宣传。"

采访结束后小组成员参观了爱欣老年公寓，公寓在采光通风和卫生情况上都比较令人满意，在二楼的活动室有许多活动的老人，或三三两两的聊天，或在一旁上网；而一楼的体育室有老人进行体育锻炼和乒乓球比赛。通过和老人短暂的交谈，我们了解到他们对爱欣老年公寓十分支持和认可，在这里的生活也相对舒适和安逸。

2. 采访厦门市社会福利中心叶院长

厦门市社会福利中心是厦门市最大的公办福利机构，成立于新中国成立之后不久，下属有社会福利院和儿童福利院。其中社会福利院主要面向岛内（思明区和湖里区）社区中的三无老人和部分自费养老老人。当小组成员出发采访时，适逢厦门市建筑材料行业工会前来慰问老人，并有厦门电视台进行采访和拍摄。小组成员随其一同参观了社会福利中心，并和老人进行了交流。

厦门市社会福利中心对老人进行分层管理，一行人首先来到的十五层为自理老人居住。每两位老人共用一间房间，窗明几净，墙上挂满了老人的照片，就硬件设施而言相当舒适，房内的老人对我们表示，福利中心的饮食营养也照顾得很好，自己在这里住得很开心。楼层还设有活动室和谈心室。活动室中摆满了各界人士捐赠的娱乐设施和锻炼设备，许多老人在里面放松娱乐。谈心室中则有舒适的沙发、电脑和彩电，据房内的老人说，他经常在这儿上网和看电视，社会各界的志愿者也经常到这个房间来和他们聊天谈心。

小组在征得院长同意后自行参观了其他楼层。小组发现，还有一些楼层内的房间并没有开放使用。在其他楼层，不能自理或精神失常的老人安排在六人一间的房间，房门由通风的拉门锁好，房内干净整洁，床位之间也相对宽松，每楼层都设有护士站。叶院长表示，这是对于有点老年痴呆症的老人的限制，如果老人有外出需要，工作人员会陪同前往。

在接受采访时叶院长表示，现厦门市社会福利中心内有老人床位400张，主要是应对未来20年中三无老人的养老需求。如今400张床位中，100张为自费养老使用，已经基本住满；另有大约100名三无老人入住，总入住率约50%。其中大约100名的三无老人完全能够生活自理的仅有十几位。

社会福利中心的三无老人均通过社区摸底排查，户籍资料的审查较为严格。政府补贴三无老人生活费每月850元，其中600元为伙食费，其余费用则包括老人服装费用、日用品费用和医疗费用，对于行动方便、精神正常的老人，院方会将一部分费用（约 70 元）作为零用钱由老人自由支配。自费老人则需要收取一定费用，其中自理为 1600 元，借助为 1900 元，介护 2200 元。社会福利中心的水电费用也由政府支付。当问到每年盈利情况时，叶院长表示，并不存在亏不亏的问题。"本来就不以盈利为目的，主要是为了做好三无老人的服务工作。"

目前厦门市社会福利中心共有工作人员 250 余人，其中社会福利院护理员共有 48 人。"但其实因为后勤和物业人员不包括在这 48 人中，所以其实为老人服务的远不止 48 人。"按照国家标准进行分配，即自理老人与护理员比例不低于 1∶10，借助老人与护理员比例不低于 1∶7，介护老人与护理员比例不低于 1∶3，48 名全员执证上岗，均考取了养老护理员证。但在实际工作中，由于其他事务需要，人手依然相对紧张，只能勉强达到标准。工资待遇按照编制，编内行政人员大约在 5000 元左右，编外人员大约在 3000 元左右。"这个待遇水平，只能招到中专毕业生。而相同条件下他们更愿意去大医院，因为那里还是以医疗为主。而这里以护理为主，比较苦脏累。"

民政局在社会福利中心工作中扮演重要角色。在三无老人的走访了解和审查方面，以及对于整个养老院相关安全规定方面都发挥了监督和管理作用。"其实整个（养老院）都是在隶属于民政局管辖之下的，"叶院长表示，"逢年过节都会开会特别强调安全问题。"

叶院长认为，在基础设施、工资待遇以及社会关注度而言，公办养老院相对占优。但其劣势在于不如民办灵活，容易受限。例如在服务过程中可能遇到家属的苛刻要求，由于代表政府形象往往只能选择容忍。同时儿童福利院中残疾程度较高的儿童长大后，会继续进入社会福利院居住，也造成了一定压力。而目前最大的困难有二：一是年迈的老人可能出现的痴呆和攻击倾向，福利院所采取的防范工作很难把控。社会上对这一块比较陌生，因此在媒体的报道中引起民众的误解。叶院长说："（这类问题）我们会尽量避免，但这是不可避免的。我们会尽量规范，在束缚的同时会有许多保护措施，我们比谁都怕出意外。"；二是老人的医疗费用很难满足。医疗费用存在弹性，如何把关是一个很难量化的问题。比方用药，用国产药品还是进口药品，由于对于一个老人医疗费用的投入就会影响到其他老人的费用，这些很难把握，也都时刻考验着从业人员的专业素养和职业道德。

院中的自费老人来到社会福利院的原因，叶院长总结为三类。第一种类型是老人虽能自理，但由于子女都在工作，出于安全考虑让老人住到养老院来；第二种类型是出于情感考虑，空巢老人在情感上需要陪伴，子女无法满足，加之有些老人行动不便，因此更倾向于到养老院养老；第三种类型则出于医疗角度，就是老人无法自理，而专业养老机构比家政机构能做到更科学规范的护理工作，例如卧床老人需要定时擦洗、翻身、换药等工作，因此被子女送到养老院。

当问到养老观念问题时，叶院长表示，近几年民众思想逐渐放开了。前几年老人可能会认为，到福利院去可能导致左邻右舍认为子女不孝顺，自己也抬不起头来。但这几年来随着越来越多老人进入福利院，老人可能在福利院能找到更多情感寄托，尤其是城市老人。此外，家庭和睦的原因，一些家属也会倾向于将老人送到养老院。

3. 采访厦门莲花爱心护理院黄护士长

位于厦门市思明区龙山东二路 15 号厦门莲花爱心护理院是一家民办养老院，位于厦门莲花医院四和五层，所使用住房由民政局出租给养老院使用。

目前莲花爱心护理院共有 158 张床位，处于长期满员状态。其中自理老人和半护理的老人住在五层的两人间或三人间，收费约为 2000—2300 元，全护理的老人住在四层的五人间，收费在 2500 元左右。其中全护理床位相对较多，因此院中需要全护理的老人数量也较多。黄护士长表示，目前入住的老人多为厦门本地老人，且大多来自城市，农村相对较少。入住的老人有些以退休金和医保社保支付，再加上子女承担一部分费用。"现在子女都在工作，老人在这里能找到伴，聊聊天做做操。"黄护士长介绍道，"老人们都挺愿意来的。"

目前在莲花爱心护理院的工作人员大约有五十人。其中包括护士和护理员。护士都是专业卫校毕业后参加工作，护理员也均考取了养老护理员证。对于全护老人基本能够满足一个护理员负责 2 至 3 名老人的要求。人手相对充足，但其中护理员的招聘相对困难。现有的护理员基本都是外来务工人员，因为工作辛苦、又脏又累，本地人一般不愿意做这方面工作。

护士和护理员工资待遇均在 2000—3000 元左右。目前对于民办养老院补贴政策，据黄护士长表示，"可能是有，但没落实，具体也不清楚。"

在老人的医疗问题上，莲花爱心护理院作为医养结合的养老院，有专业的医生和护士，能够解决大部分问题。"我们本身就是护士，可以打针、喂药、查房。"黄护士长表示，"基本上80%（的病人）都在这里解决，个别转到医院去的治疗好又回来了。"而对于带有传染病和精神疾病老人，莲花爱心护理院由于没有封闭病房无法接收。

当谈到目前养老院运营中的最大问题，黄护士长表示，目前最大的困难一在资金，二在于护理员人手不足。目前莲花爱心护理院仅有 9 名护理员，护理员不足只能用护士顶上。

（三）对民众进行问卷调查

在完成采访工作之后，小组成员开始进行问卷调查工作。问卷调查分为线上线下两部分，线上调查主要集中在微博、QQ、人人网、厦门小鱼网四个平台，覆盖面相对较广。其中，厦门小鱼网为厦门知名网络社区，网贴点击量超过两千次，得到网友大力支持。更有厦门市人大代表、政协委员、民盟成员余先生留下联系方式，希望小组能够提供完整调查报告，他将形成提案上交厦门市政协。线下部分由小组成员负责分发纸质问卷。

本次共发放问卷 310 份，回收问卷 310 份，其中有效问卷 307 份。问卷所反映情况分析如下：

1. 对养老院的认可程度

小组分别就年龄段、学历、是否为独生子女、是否与父母在同一城市、父母是否有退休金等六点分析了对于养老院认可程度的影响。其中年龄段、是否在同一城市和有无退休金对民众对于养老院的认可程度影响较大，学历、是否为独生子女对于养老院的认可程度影响较小。

由图 3 和图 4 可见，对于养老院的认可程度和进入养老院养老的意愿在一定程度上与年龄的增长有所相关。作为供养老人的主要群体，30—40 岁以及 40—50 岁人群对于养老院的认可程度相对较高。其中 30—40 岁人所对应的养老对象约在 55—65 岁之间，加上有 30—40 岁以及 40—50 岁人群，未来 30 年内厦门养老院的需求量可能将平稳提升。

	30 岁以下	31—40 岁	41—50 岁
支持	7.52%	20.59%	43.64%
反对	7.52%	23.53%	12.73%
中立	84.96%	55.88%	43.64%

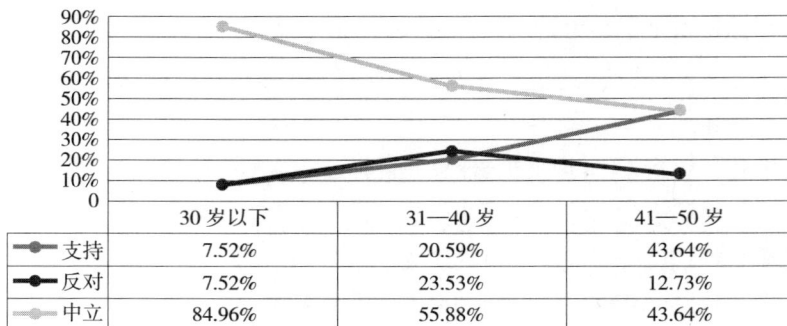

图3　不同年龄段人群对养老院认可程度①

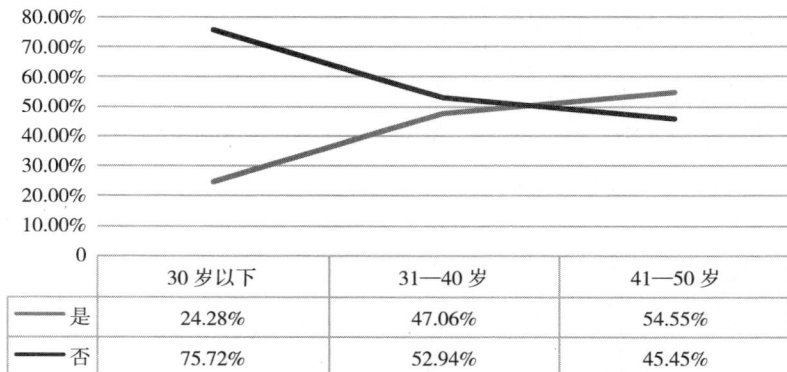

	30 岁以下	31—40 岁	41—50 岁
是	24.28%	47.06%	54.55%
否	75.72%	52.94%	45.45%

图4　不同年龄段人群是否愿意老人或者自己到养老院养老

由图3和图4可见，对于养老院的认可程度和进入养老院养老的意愿在一定程度上与年龄的增长有所相关。作为供养老人的主要群体，30—40岁以及40—50岁人群对于养老院的认可程度相对较高。其中30—40岁人所对应的养老对象约在55—65岁之间，加上有30—40岁以及40—50岁人群，未来30年内厦门养老院的需求量可能将平稳提升。

对养老问题尚未形成明确认识的30岁以下人群，主要持中立态度，说明30年后的养老需求依然存在巨大潜力。

如图5所示，父母有退休金的人群相比于无退休金的人群而言，更愿

---

① 本图及下图中51—60岁、61岁以上样本过少，故不列入。

意将父母送往养老院养老。虽然仅有 5% 的差异，但说明养老院费用对于老人无退休金的家庭而言存在一定压力。

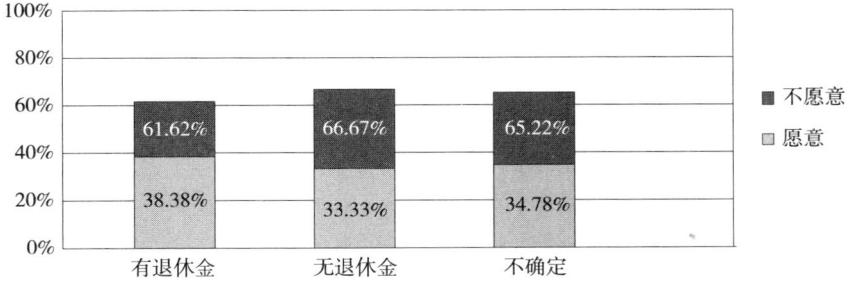

图5　父母有无退休金对是否愿意让父母入住养老院影响

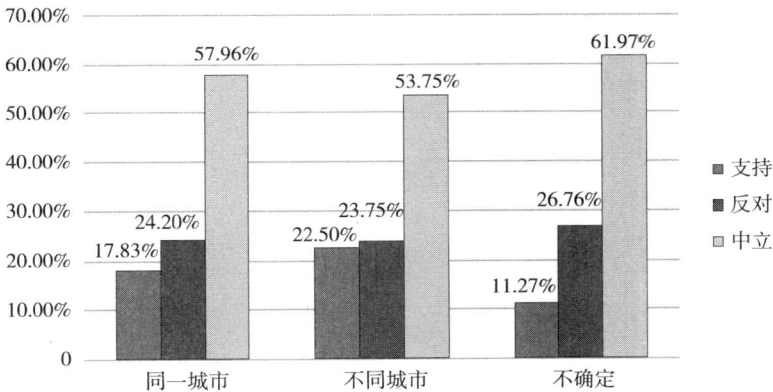

图6　子女与父母是否在同一城市与对待养老院的态度关系

如图 6 所示，子女工作是否与父母同在一座城市与对待养老院关系较为明显，其中不在同一城市与在同一城市人群相比更支持将父母送往养老院养老。随着越来越多的人口流动、人才交流，子女与父母不在同一城市生活的情况比重势必提高，届时空巢老人比重提高，对于养老院的需求将进一步加剧。

2. 养老模式

养老模式的选择关系养老院在社会养老结构中的定位。

图 7 所调查为选择养老模式中最被重视的因素，其中"子女工作因素"以及"老人意愿"位居前两位，可见相对于其他因素，子女是否便于照顾

以及老人的自愿选择是影响当前厦门养老模式选择的最主要因素。

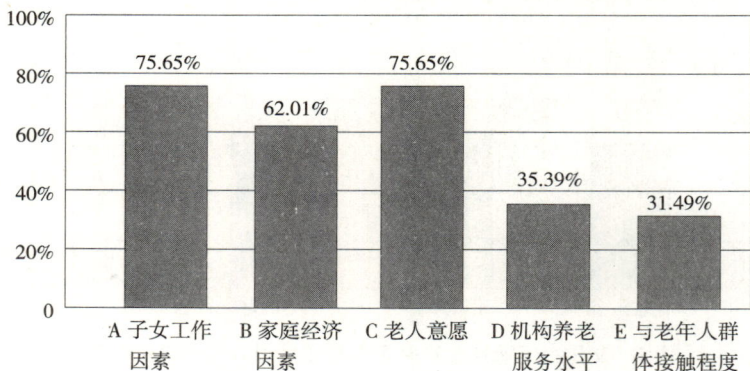

图7　养老模式中最被重视的因素

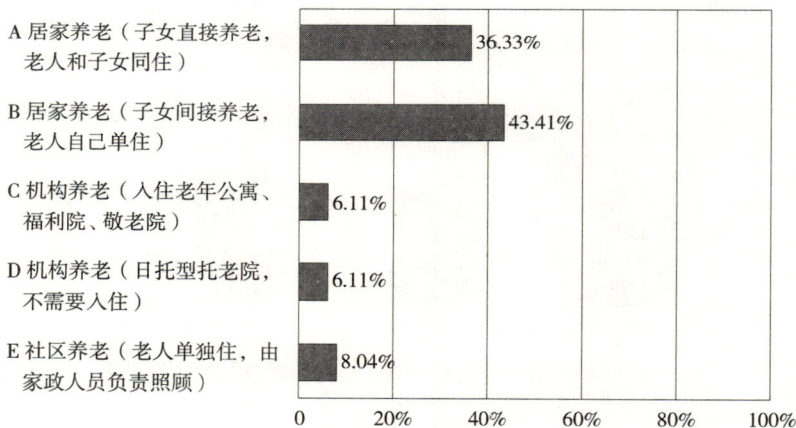

图8　养老模式选择问题

图8所示，居家养老始终在养老模式选择中居于主要地位，但仍有总计约12%的人群选择了机构养老。而分年龄段观察，不同年龄段对养老模式选择如下：

在中年群体中对于机构养老有较高的认可率，30岁以下、30—40岁、41—50岁中CD选择的总合分别约为6%、17%、25%，可见在中年群体中，机构养老模式得到了较高的认可，对于养老院的需求将有所提高。

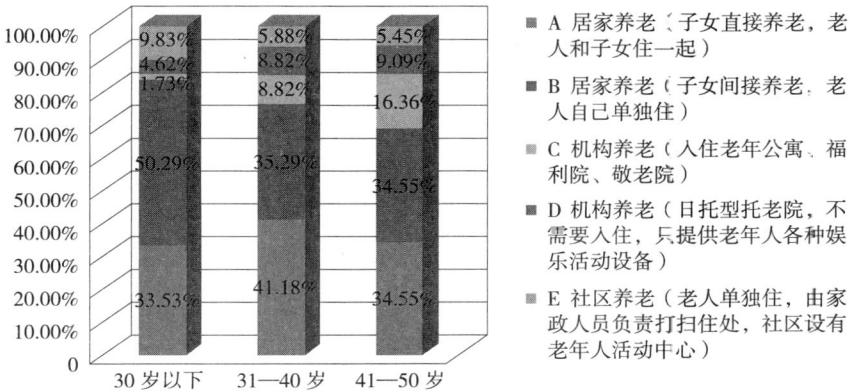

图9　不同年龄阶段对养老模式的选择①

3. 养老院收费问题

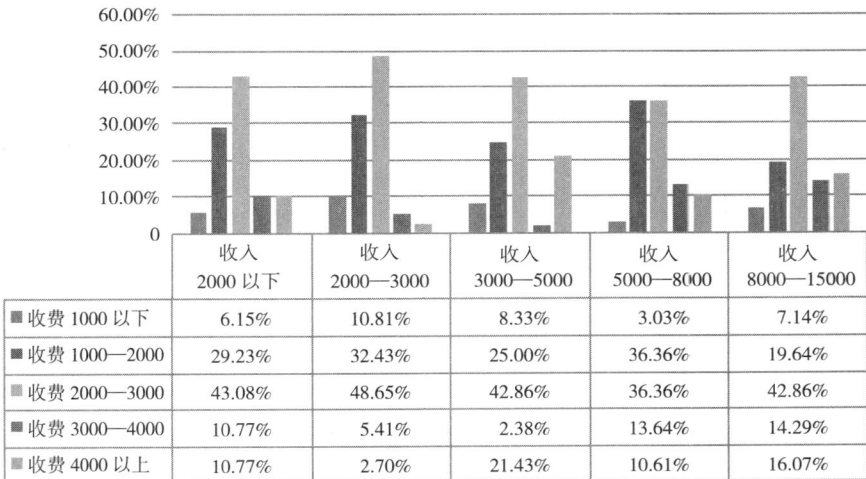

	收入2000以下	收入2000—3000	收入3000—5000	收入5000—8000	收入8000—15000
■收费1000以下	6.15%	10.81%	8.33%	3.03%	7.14%
■收费1000—2000	29.23%	32.43%	25.00%	36.36%	19.64%
■收费2000—3000	43.08%	48.65%	42.86%	36.36%	42.86%
■收费3000—4000	10.77%	5.41%	2.38%	13.64%	14.29%
■收费4000以上	10.77%	2.70%	21.43%	10.61%	16.07%

图10　不同收入水平民众对于养老院收费标准的预期

综合图10和图11可见，不同收入水平对于养老院收费的预期并不存在太大差异，其中民众对于养老院收费的预期前两位为2000—3000元和1000—2000元。根据走访了解，2000—3000元基本符合当前厦门市民办

① 本图中51—60岁、61岁以上样本过少，故不列入。

养老院收费一般水平，1000—2000 元则符合公办养老院自费养老收费一般水平。可见当前收费高低对于养老院利用率的影响并不显著。

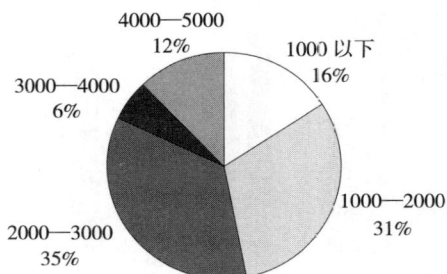

图 11　认为养老院收费过高的民众对养老院收费的预期

对于以"养老院收费过高"而拒绝将老人送往养老院或者自己到养老院养老的民众，小组追踪其对于养老院收费的预期发现，大多数依然选择了 2000—3000 元和 1000—2000 元。

同时值得关注的还有，对于养老院收费的理想预期，6% 民众选择了"4000 元以上"（包括被调查民众中收入为 8000—15000 元以上的全部民众和收入为 5000—8000 元的部分民众）。可见厦门高档养老院存在潜在需求，民间资本的引进可能可以在高档养老院方面有所补充。

4. 养老需求

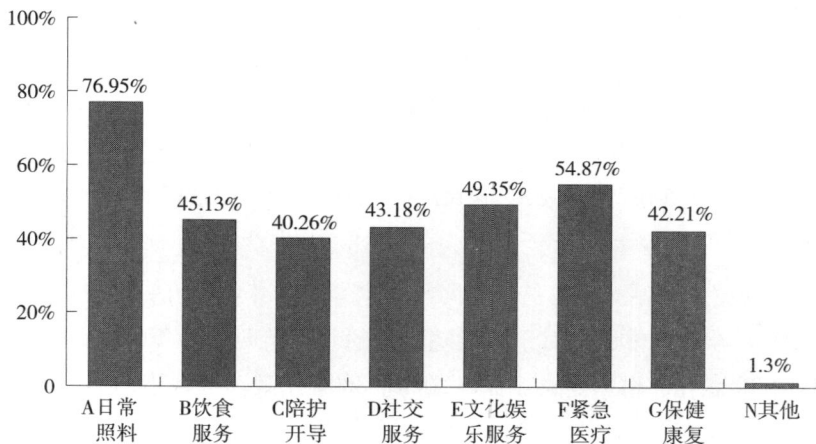

图 12　对养老院功能要求问题

（1）对于养老院功能的要求

对于老人送到养老院的原因，51.3%的民众选择了"子女工作太忙，无法照顾老人"。体现了民众对于养老院护理功能的需求。1.86%的民众选择了"老人在家中无聊，养老院老人多，可以聊聊天，精神上充实"，承认了养老院对于老人精神上的补充。

如图12所示，对于养老院功能的要求，"日常照料"最被重视。且同时其他的因素也都为普遍要求。说明市民对养老院功能的要求还是相对全面的，也对未来养老院的经营提出了更大的挑战。

（2）对于养老院硬件设施和服务水平的要求

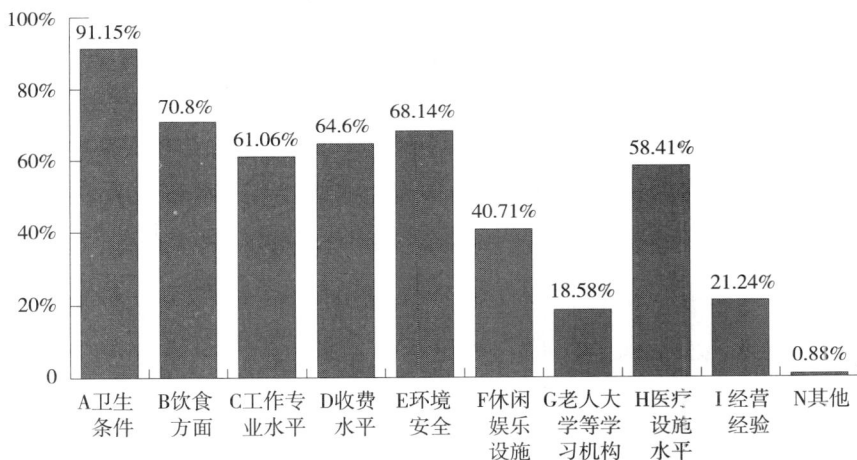

图13　对养老院条件要求问题

与对养老院的功能要求相应的，在对于养老院条件的考虑中，愿意将老人送往或者自己到养老院养老的民众所重视的是"卫生条件""饮食方面"以及"环境安全"。可见在民众养老的观念中，对于老人的照顾以及老人的基本安全始终是最重要的因素，对于娱乐、学习机构的相对轻视大多数表明对于老年生活的期待依然为"安享晚年"为主。

因而在选择上，愿意将老人送往或者自己到养老院养老的民众，60.18%选择了公办养老院。这一方面体现了市民对厦门市政府以及厦门社会福利体系的信任，另一方面则表明民众对于民办养老院的认可度依然较低。这有可能是因为民办养老院宣传力度不足，市民对民办养老院没有太多了解而导致。

（3）对养老院的主要担忧

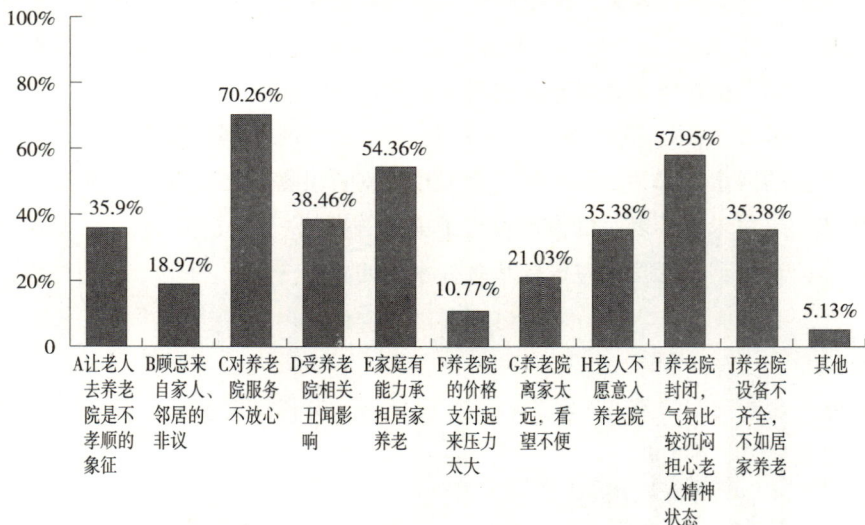

图14　拒绝养老院养老的原因问题

　　而拒绝养老院养老的民众对于养老院的担忧主要体现在服务和环境方面。但在实地走访中，我们感到这一问题实际上是得到了有效的保障。说明市民对养老院的现状还存在着比较多的误区，对实际情况相对陌生。这或可解释民众的观念误区。调查显示，有35.9%的民众认为"让老人去养老院是不孝顺的象征"，18.97%的民众顾忌来自家人和邻居的非议。

　　尽管民众对养老院表示了不同的担忧，但就总体而言，对于厦门养老院的发展态势，71.7%的被调查者表达了乐观态度，认为这是未来厦门养老的趋势。但也有被调查者表示，缺乏相关的背景知识和对养老院现状的了解，对这一问题的回答往往过于主观臆断，因而感到难以预估。

四、调查总结

（一）厦门市养老及养老院现状

　　根据民政局、养老院及问卷调查多方了解，小组对厦门养老院及养老现状形成初步认识。目前厦门民众对于养老模式的第一选择为居家养老，且比重较大，约占被调查人数的79.74%。机构养老虽作为厦门养老模式的有效补充，发挥了重要作用，但民众对养老院依然存在了解误区和担忧。

根据了解厦门市养老院现状具有如下几个特征：

1. 形式多样，各有分工。

目前厦门市共有公办养老院六所，主要面向厦门市内三无老人。公办养老院通过与民政局、社区的合作，对三无老人进行摸底、排查、审核，最后实现对于三无老人的救助。在公办养老院运营过程中，政府在硬件和人员上给予全力支持，因此在三无老人的救助上形成了有效机制。同时公办养老院开放一定床位面向自费养老老人，但由于人手和设备有限，开放床位有限。政府对于公费养老的三无老人每月有850元补贴，基本能够满足老人需要。

目前厦门市共有民办养老院30所，其中包括公办民营和公助民办养老院。民办养老院主要面向自费养老老人，政府在用水用电方面予以民用标准优惠，在营业税、房产税、城镇土地使用税、耕地占用税等方面，也制定了相关税收优惠政策。对于民办养老院在2012年前实行的床位补贴标准为每年每床补贴120元，2013年起每年每床补贴1200元。公办民营养老院由政府规划建设养老院，后招标管理经营。公助民办养老院则一般租借民房或向民政局租借场地，自主经营自负盈亏。民政局对民办养老院具有监督职责，尤其在安全方面出台了相关规定。

2. 供需不平，定位微妙。

目前厦门市老年人口25.14万，公办与民办养老院床位合计5372张，约占老年人口2.13%，远低于国际通行的5%—7%标准[1]。同时由于岛内外分布不均，各区养老院床位与老年人口比例差距较大。但其总入住率约为70%，并未能充分利用现有资源。就小组了解情况而言，岛内养老院入住率相对较高，岛外养老院入住率较低。因此政府在加大社会福利投入的同时应当注意提高资源的有效利用率。厦门养老院床位总入住率为70%，

---

[1] 阎青春：《我国养老机构发展中存在的主要矛盾及解决建议》，《中国民政》2007年第7期。

但就小组走访的三家养老院而言，岛内床位相对紧张，岛外相对宽松。这与岛内外观念开放程度、养老院服务及养老院宣传力度水平密切相关。

厦门养老院在设施上相对完善，硬件条件基本能够满足老人的生活和医疗护理需要。目前养老院的定位是作为居家养老的补充，以救助三无老人、服务不能自理的老人为主。但随着养老观念的开放，民众对养老院的了解增加，养老院的功能加强并完善，厦门养老院面临从救助向进一步提高老年人生活质量转变的任务。

3. 社会认可，问题仍存。

厦门市经济开放较早，经济发展较快。但在养老观念上仍相对保守，这可能与岛内外人文环境差异及闽南地区传统文化影响有关。近十年来养老观念相对逐渐开放，市民对养老院处于逐步接受过程。观念的转变直接关系需求的变化，因而厦门养老观念的不断开放意味着需求的不断扩大。

但就目前而言，社会养老观念依然相对保守。养老观念的保守一方面造成了"将老人送到养老院"的舆论压力，不了解情况的民众往往忽视老人到养老院后生活情况的改观，关注焦点局限在"将老人送到养老院"行为本身的道德取向，导致了道德伦理上的谴责和质疑影响了厦门老年人养老方式的多元选择；另一方面，养老观念的保守还影响了从业人员的社会地位，养老行业需要大量专业人员，如护理员、营养师、医生护士等，但从事养老工作往往难以得到社会认可，因而造成了有专业知识的年轻人不愿从事养老相关职务、护理员人手紧缺的现象。

当前养老院供需双方之间存在了解上的障碍。一方面，民众对于养老院的认识多来自于新闻媒体片面且少量的报道和坊间传言，缺乏对于养老院设备、环境以及服务水平的直接了解，形成了对养老院收费水平、服务水准、环境条件等方面的误解；另一方面，养老院之间发展存在着类型和地域的不平衡，公办与民办、岛内与岛外之间发展差距较大，一些水平不足、资质较差的养老院的违纪行为容易影响养老行业整体形象，造成民众对养老院的误解。

根据采访的结果和问卷调查的数据分析，观念上的保守是民众与养老院之间存在的隔阂形成的主要原因应对这一问题，一方面要求养老院严格遵守行业规范，提升行业整体形象，另一方面也需要相关部门以及新闻媒体的配合和宣传。在媒体宣传上，不应只是将养老院作为各机构新年慰问的配角，应通过对养老院及老人生活状态的正面采访报道，让民众对养老院形成更加完整的认识。

（二）对厦门养老院发展建议

根据问卷调查、民政局咨询以及养老院的实地走访，小组对厦门养老院发展做出如下几点建议。

第一，加强宣传，消除民众对养老院认识误区，进一步加强民众对于养老院的关注。政府宣传部门、新闻媒体、养老行业三者作用对养老观念的影响显著，建议在政府宣传部门支持下，由新闻媒体深入养老行业，对厦门养老院现状进行深入报道，让民众对此问题有更深刻的了解和认识，同时引发更多关注，从而促进养老行业本身的完善。

第二，在落实养老院床位补贴基础上加大员工补贴。政府部门应加强对养老行业从业人员的检查，对于人员资格和配比符合相关规定的养老院给予一定员工补贴，进而规范行业标准，提高从业待遇，并且在一定程度上可以予以提供养老保证等福利。

第三，重视养老院用房建设，继续加强"公建民营"型养老院发展。由政府部门兴建的养老院用房硬件完备，能更好地满足老人生活需求；而民间资本的引入符合民政部《民政部关于鼓励和引导民间资本进入养老服务领域的实施意见》精神，同时也更具灵活性，更好地满足了自费养老老人需求。"公建民营"调动了政府部门以及民间企业双边活力，同时也需要二者的良好配合。

第四，公办养老院可适当扩大自费老人开放床位。公办养老院在能够满足人员配比以及三无老人需求前提下，进一步开放适当数量床位面向自费养老老人，同时亦可采取提高价格等相应措施，提高收入同时提高护理员待遇，扩大护理员队伍规模。

第五，民办养老院应加强品牌建设，维护行业形象。政府有关部门应支持民办养老院的品牌建设，在公建民营养老院引进管理中可倾向于更具经营经验的养老院。通过一段时间的宣传和统一管理，形成良好的养老院品牌形象，加强民众对于民办养老院的信心，从而缓解公办养老院压力。在此过程中政府部门应支持民间资本的引入和鼓励慈善企业家投资养老院，在限定微利前提下，鼓励民办养老院的规模化发展和企业化经营，在用地、宣传方面予以一定支持。

第六，重视三无老人就医问题。在加强养老院医护功能基础上，对三无老人就医提供一定比例补贴。完善老人就医机制需与医疗改革同步进行，政府应努力引导养老行业配合形成统一规范，尤其应重视对于各种应急情况的处理。建议政府成立养老救助慈善基金，吸引社会各界捐款，对针对三无老人的医疗给予支持。

第七，由政府相关部门主持，建立全市养老院联合网站。对各个养老院收费标准、床位剩余情况进行统一的调查和更新，并定期对养老院做检查或评比。一方面便于提高床位利用效率，一方面便于有需要的市民获得相对准确信息，以此形式公开养老院相关情况以及老人生活条件，使民众对养老院有更加直观的了解和认识。

五、调查反思

本次调研活动从筹备到完成调查报告，历时一个月。在调查活动结束后的总结会上，小组成员就本次活动的优缺点做出如下总结：

1. 小组成员分别来自清华大学人文学院、机械工程系以及生命科学学院，文理工兼备。首先，具有人文情怀与社会责任意识的"厦门市养老院经营状况及市民养老模式调查"主题由人文学院成员提出；调研数据的处理与呈现方式则由理工科背景的成员提出。调研过程中，采访与文字整理的工作更多的由文科背景的成员完成；调查问卷数据的处理与分析任务则更多地分配到了理工科背景的成员身上。调查报告修改过程中，文科背景的成员更注重报告的内在逻辑与词句的准确性和连贯性；理工科背景的成员则极大程度上保证了调查数据分析的严谨性与准确性。总而言之，调研过程文理工科各自发挥所长，保证了调查报告的相对完整性。

2. 调研过程小组成员全员参与，态度认真，极大限度地利用了现有的所有资源。调研过程中，我们通过厦门便利的政务公开系统，获取了厦门民政局统计的养老院相关资料，保证了小组获取资料的准确性与有效性。其次，小组走访了厦门三种不同类型的养老院（公办，公办民营，私营），调研样本较完整。此外，调查问卷的线上宣传较为成功，微博、QQ、人人网、厦门小鱼网四个平台同步宣传，覆盖面相对较广。厦门市人大代表、政协委员、民盟成员余先生从小组在厦门小鱼网的宣传中获知我们的调研，留下联系方式，表示有意将此形成提案上交厦门市政协。这从某种程度上意味着我们的调研不仅仅是一项简单的作业，更可能或多或少对厦门社会福利建设有所增益。

3. 调研活动的不足主要体现在问卷调查上。首先是调查问卷的设计缺乏专业性，部分受调查者表示问卷设计诱导性过于明显；此外，部分题目选项设置不够合理，如第 1 题中的年龄层次可再细化，另设置一个"20 岁以下"选项；又如第 15 题"对养老院前景是否看好"，部分调查者表示一来对养老院的关注度有限，二来未曾考虑过这个问题，选项中只有"看好"与"不看好"两个选项，选择时稍有尴尬。更重要的一点是问卷发放的人群覆盖面偏窄。从问卷分析看来，问卷所针对的 30 岁以下群体多为学生，接受调查的 30 岁以下在职人员较少；中年群体多为中产阶级，缺少资产较低或较高的受调查者；接受调查的老年群体偏少。各年龄段人群的身份都相对固定，职业家庭类型几乎相似，一定程度上导致了各年龄段的调查数据失之全面。

4. 不足之处还体现在走访养老院数量过少。本次调查中所走访的三所养老院均是厦门规模较大，经营较为规范的养老院，这些养老院中存在的问题较能反应厦门多数养老院的困境，但是经营较为困难的养老院所存在的问题应该远不止这些。但是走访经营惨淡的养老院尤为不易，这也是我们此次调查未走访这些养老院的原因。

5. 与老人正面交流不足也是本次调查的缺失之一。一来是因为前期考虑不周，并未将此项列为调查内容；其二则是实地走访过程中意识到此项的重要性，但是具体操作却又受养老院院方所限。

综上，此次调查相对成功，成果也令小组成员相对满意，但仍有较大进步空间。

合理规划，绿色出行

——北京公共交通问题及解决方案调查

杨兴宇

一、选题背景以及相关概念阐述

1. 公共交通以及相关概念解读

（1）公共交通（Mass transit），或称大众运输（Public transport），泛指所有向大众开放、并提供运输服务的交通方式，通常是作为一种商业服务付费使用，但也有少数免费的例外状况。公共交通系统从理论上由通路、交通工具、站点设施等物理要素构成。

（2）广义而言，公共运输包括民航、铁路、公路、水运等交通方式；狭义的公共交通是指城市范围内定线运营的公共汽车及轨道交通、渡轮、索道等交通方式。

（3）为公众提供快速运输服务的公共交通被称作大容量快速交通系统(Mass Rapid Transit)；依照各地中文用法的不同，台湾称为"大众运输系统"或"大众运输工具"，中国大陆称为"快速公交"，香港则称为"集体运输系统"。此外，中国大陆流行将"公共交通"简称为"公交"，同时也将公共汽车、电车简称为"公交"，如北京的公共电、汽车会称为"北京公交"等。①

（4）本文主要讨论的是以公交车和地铁为主的公共交通系统。

2. 公共交通在中国的发展

---

① 摘自维基百科"公共交通"词条。

随着我国社会经济的发展、城市化进程的加快，城市公共交通的规模也在不断扩大。从国内外发展经验来看，在大城市、特大城市优先公共交通发展已成为共识。

但是，由于公交换乘不便、运力不均、车内拥挤、舒适度差等问题，成为包括北京在内的我国城市公共交通发展的"软肋"。特别是公共交通枢纽的欠缺以及各种交通工具之间（地面公交之间、地面公交与轨道交通之间、轨道交通与自行车、私家车之间）衔接不便等"最后一公里"的问题较为突出，使得我国大部分城市的公共交通出行分担率不到 20%，远低于发达国家大城市 60% 的分担率。

二、调研目的与意义

由于我国人口地区分布过度集中于东南沿海一带，与城市化水平，经济水平较高的地区重合，在这样人口稠密，经济发达的地区，公共交通无疑比私人轿车为主要交通工具的方式更能高效的支持地区发展和人民的生活。

究其原因，可以从公交车本身说起。一辆大型公交车所占道路面积约等于两辆小汽车，而公交车的载客量却是两辆小汽车的 40 倍。其完成单位客运量的消耗能量则是小汽车的 1/10 左右；从环保方面看，按单位客运量来计算，大型公交车辆比小汽车污染低 90%。香港的公交出行率超过 90%，也就是说 90% 以上的香港人是靠公共交通工具出行的，因此香港仅用上海 1/3 的城市道路里程就承担了与上海相同的城市交通总流量。而北京公共交通出行率至今仅占 28.19%（2006 年），许多城市可能还达不到这个比例。[①] 而北京的交通问题也早已迫在眉睫。

北京市委市政府早已意识到问题的严重性，在公交和地铁的建设上投入了大量的人力与物力，但是北京的交通问题没有得到很好的缓解。这与北京的公交出行率也是一直在低位徘徊有很大关系。本文通过相关文章搜集，实地体验和调查问卷的形式分析了北京公共交通的种类，人们的使用

①　摘自新华网《优先发展公交系统是中国的第一选择》一文，http://news.sina.com.cn/o/2006-07-14/08569458530s.shtml。

频率和反馈，以及基于北京交通现状对于自行车，地铁，公交车无缝衔接系统的展望和理解，从中得出无缝衔接系统的优劣势，从而更好地推广公共交通系统，为缓解"首堵"严峻的交通状况作出重要贡献。为其他大中城市解决类似问题提供一个典型案例与示范。为提高人民的生活质量与幸福感贡献一份力量。

三、调研方法

在调查前期，主要是通过网络和相关书籍，报刊，杂志了解有关北京的城市拥堵问题，以及由此引发的一系列其他问题，充分意识到交通问题的极端重要性和迫切性，及其造成的广泛影响。

在调查中使用了亲身体验和调查问卷结合的方式对北京的公共交通的有关情况进行了详细的调查。

其中，在亲身体验环节中，我尝试了分别以打车、公共汽车、地铁、地铁换乘公共汽车，以及地铁、公共汽车和自行车结合等方式完成了一段相同的路程，来亲身体验各个交通方式以及不同交通方式结合的现状和发展前景等。

在调查问卷的环节中，我发放了"有关北京公共交通系统的调查问卷"进行调查。

四、调研数据分析

1. 亲身体验环节得到的北京公共交通系统运营状况分析

为了充分体现各种出行方案的优劣性，我选择了一条距离比较远的实验路线：从清华大学到 798 艺术中心。

我保证出行时间基本保持在傍晚交通高峰时段，以便充分展示各种交通工具及其匹配的优劣性。

（1）计划

出行计划 1：骑自行车到达地铁 13 号线五道口站，乘坐 13 号线（西直门方向）在知春路站下车，转乘地铁十号线（劲松方向）在三元桥站下车，C1 口出，步行至公交车三元桥站，乘坐 401 路，在大山子路口南站下车，骑租赁自行车至 798 艺术中心。

出行计划 2：步行到达公交车清华东路西口站，乘坐 913 路，到达利泽西街东口站下车，换乘 629 路，在大山子路口东站下车，步行至 798 艺术中心。

出行计划 3：骑车到达地铁 4 号线圆明园站，乘坐地铁 4 号线到达海淀黄庄站，换乘地铁 10 号线到达三元桥站，骑租赁自行车到达 798 艺术中心。

出行计划 4：打车出行。

（2）体验

其中出行计划 1 实际操作的过程中由于 13 号线的人流量过大，在地铁 13 号线的乘坐过程中感受到了极度拥挤，浪费了一些时间，在知春路换乘过程中，同样由于设置不合理以及人流量过大等原因感到极度拥挤，到了三元桥同样由于换乘站表示不明确等原因，降低了换乘效率。等待 401 路公交车的过程达到了 20 分钟以上，401 行车过程中遇到了多次的堵车情况。从租赁自行车到达终点 798 的过程中，由于不受堵车影响，反而提高了效率，但是由于路况复杂，危险系数较高。

在出行计划 2 中，我充分感受到了北京公交系统的不定点与复杂的特点。等待 913 的过程中，看到了多辆很空的公交车路过或停靠，随后加入堵车的大队，等了将近 30 分钟，913 路才姗姗来迟，车上乘务员声音洪亮，但显然有些不尊重乘客，车厢陈旧而拥挤，路上交通拥堵的状况处处发生，换乘的状况也差不多，只有最后在步行到达终点的时候感到了片刻的舒适。

在出行计划 3 中，自行车增强了行程的自由度，地铁 4 号线和 10 号线的换乘相对舒适。但是由于北京路面状况比较混乱，尤其是在车流高峰期间，使得自行车骑行的安全性得不到保障。

在出行计划 4 中，出租车遇到了几次严重堵车，但是由于车内环境比较舒适，整体乘车体验还是很不错的。

（3）分析

由于这两地之间没有地铁直达，所以没有单纯地铁的方案。但是结合目前所开的地铁线路，通达度与欧美国家的大城市相去甚远。而且由于地铁的建设周期原因，这个通达度的短板很难在近 30 年内完全补齐，所以以地铁为主的交通方式存在很大的局限性。

这四种方案中，出行计划 1 的所耗时间相对较少，即地铁，自行车，公交车和少量换乘以及步行结合的综合立体交通的出行方式被证明是一种最高效的出行方式。

这四种方案中，出行计划 2 的费用最少，仅为 0.4 元（学生公交卡 0.2 元每次）。但是北京公交的乘车体验包括等车时间、车厢服务、行车速度、舒适程度等环节极大缺失，导致最后所耗时间过长。这说明以公共汽车为主的交通方式有一定的弊端，仍有很大的提升空间。

在这四种方案中，出行计划 3 的自由度，即对良好路况的依赖程度最小，但实际在上文中我已经提到过，北京的路况和空气环境不是很适合长时间的户外骑行，所以这种方式也有局限性。

在这四种方案中，出行计划 4 的自由度、舒适度都很不错。但是，还是受地面路况影响很大，通勤效率不稳定，价格也比较高昂，不是大部分人可以承受的通勤方式，也不是一种值得提倡的交通方式。

自驾车的情况在很大程度上与出租车的情况相似，在这里就不重复讨论。

综上所述，综合考虑到北京现存的各种情况，我认为在目前的北京，建立地铁、公交车、自行车、少量步行的方案是最有效率，同时比较经济实惠的方案。

2. 调查问卷结果分析

在进行完第一环节的亲身体验后，又进行了第二阶段的问卷调查。

【分析】

（1）乘客对北京公共交通的整体评价

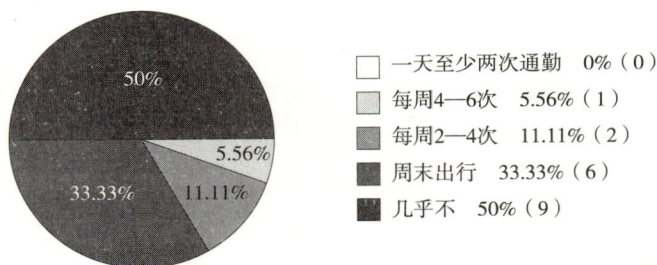

□ 一天至少两次通勤	0%（0）
每周4—6次	5.56%（1）
每周2—4次	11.11%（2）
周末出行	33.33%（6）
几乎不	50%（9）

图1　公交乘坐频率

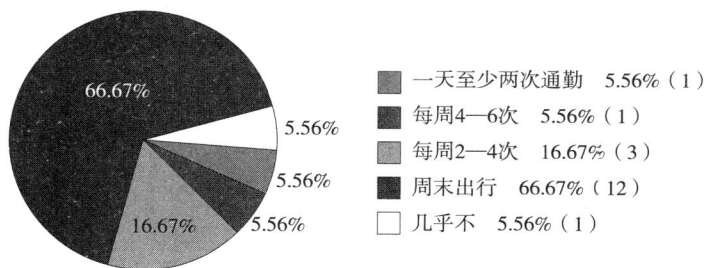

图 2　地铁乘坐频率

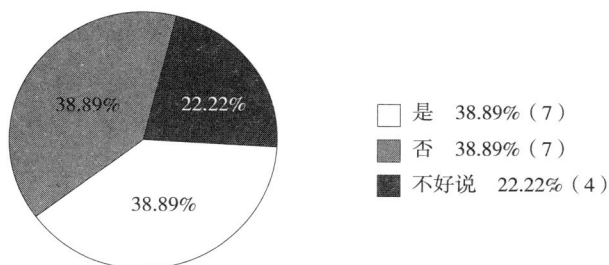

图 3　公交乘坐方便程度

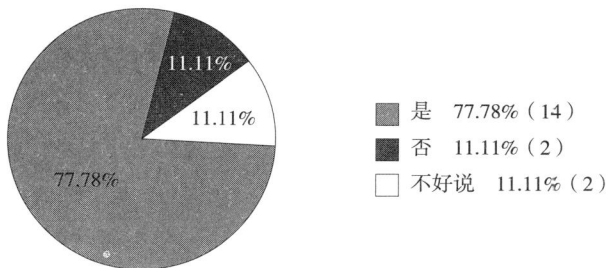

图 4　地铁乘坐方便程度

　　上面这四张图表示的分别是乘客乘坐北京公交车、地铁的频率，以及他们对地铁、公交车的满意度。从中可以看到，乘客对北京地铁的评价比较高，达到了 77.78%，而且乘坐地铁的次数也比乘坐公交车频繁。而人们对公交车似乎就没有那么高的评价，只有 38.89% 的人觉得北京公交车很方便。

　　（2）乘客较少乘坐公共交通的原因

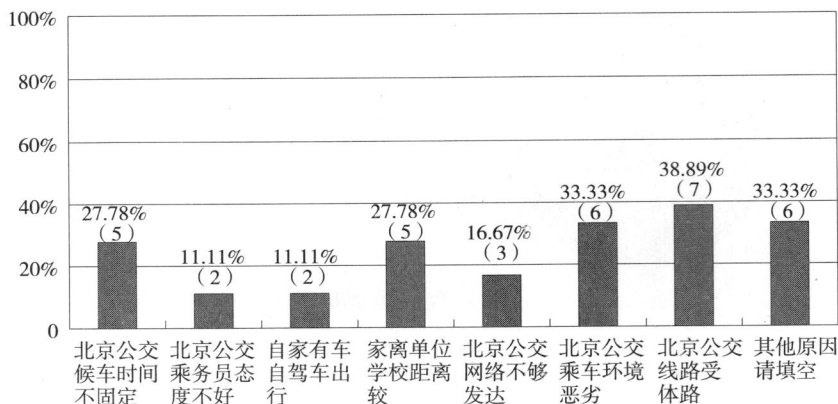

图5 较少乘坐公交原因

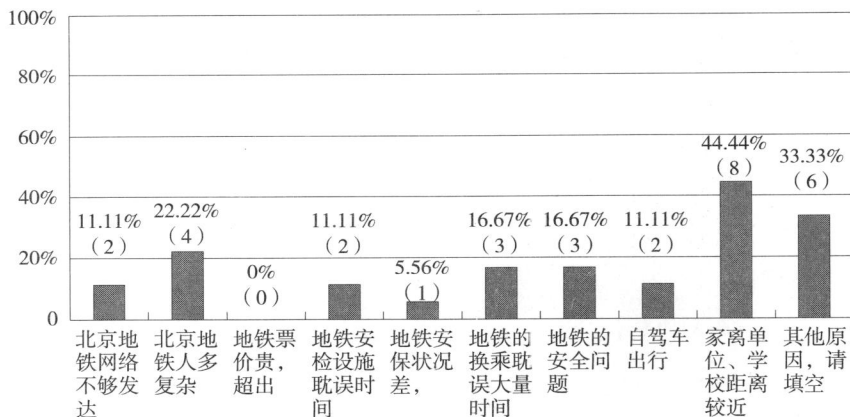

图6 较少乘坐地铁原因

上面两个图分别是乘客较少（少于每周4次）乘坐公交车和地铁的原因。

从第一幅图中，我们可以看到"北京公交线路受整体路况影响巨大"这一选项获得的票数最多，其次是"北京公交候车时间不固定"，"北京公交乘车环境恶劣"也成为主要原因之一。而且选择其他原因的人数也排到了第二位，说明人们对北京公交车的不满之处很多，已经超出了我提供的选项。

但是，人们对北京公共交通系统的期望还是很好的。如果人们提到的问题能够得到解决，愿意把公共交通作为首要选择的人数占到了66.67%（见下图）。

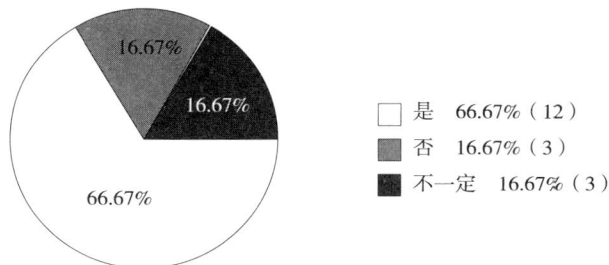

是　66.67%（12）
否　16.67%（3）
不一定　16.67%（3）

图7　公交作为出行首选情况

而且那些答"否"的人群中，大部分人还是觉得公共交通没有自驾车或者是出租车那样的便捷性。这占到了总数的58.33%（见下图）。这也说明，如果公共交通系统的便捷性如果达到了一定的程度（高于或者等于人们的心理预期），人们还是很希望乘坐公共交通系统来完成日常的出行。

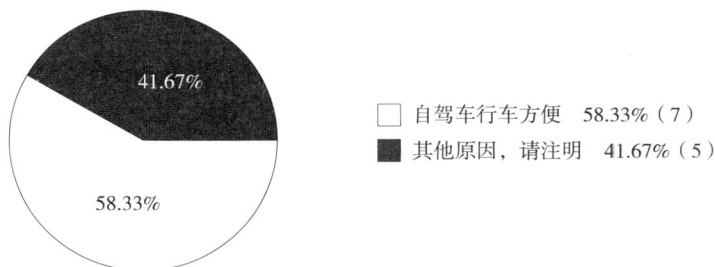

自驾车行车方便　58.33%（7）
其他原因，请注明　41.67%（5）

图8　公交非出行首选的原因

（3）乘客对地铁、自行车、公交车综合运行的立体交通系统的评价

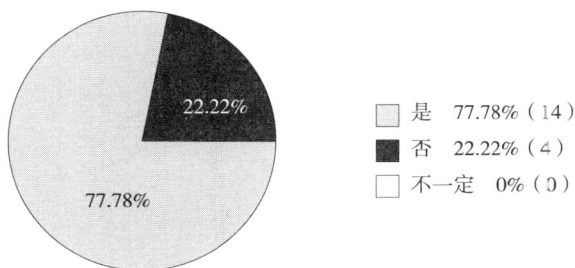

是　77.78%（14）
否　22.22%（4）
不一定　0%（0）

图9　建立综合交通系统的关注度

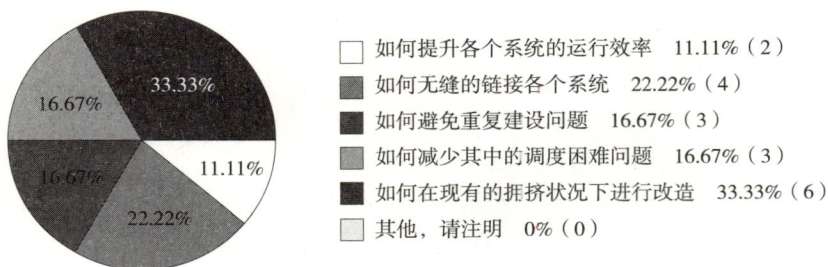

如何提升各个系统的运行效率 11.11%（2）
如何无缝的链接各个系统 22.22%（4）
如何避免重复建设问题 16.67%（3）
如何减少其中的调度困难问题 16.67%（3）
如何在现有的拥挤状况下进行改造 33.33%（6）
其他，请注明 0%（0）

图10 建立新系统需要关注的问题

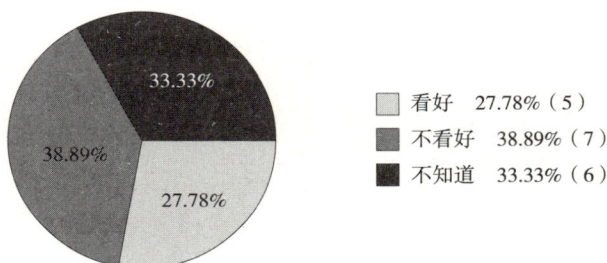

看好 27.78%（5）
不看好 38.89%（7）
不知道 33.33%（6）

图11 建立综合交通系统的未来预期

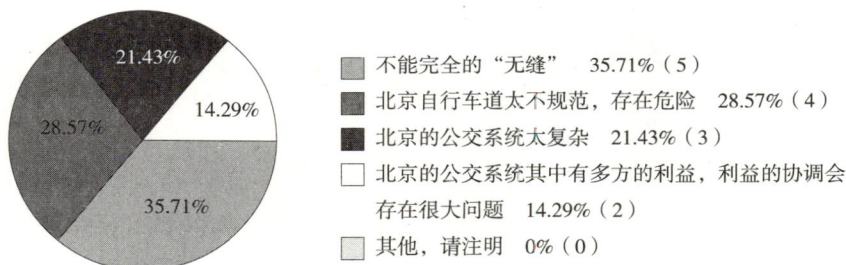

不能完全的"无缝" 35.71%（5）
北京自行车道太不规范，存在危险 28.57%（4）
北京的公交系统太复杂 21.43%（3）
北京的公交系统其中有多方的利益，利益的协调会
存在很大问题 14.29%（2）
其他，请注明 0%（0）

图12 不看好新系统的原因

上图分别是乘客对发展自行车、地铁和公交车无缝衔接的新系统的兴趣度，以及需要迫切解决的问题，及对这个项目未来的预测。

从第一组数据来看，多达 58.33% 的乘客对这个项目感兴趣，这是一个好的现象。说明还是有大部分乘客希望能通过综合运用不同交通工具达到无缝连接、顺畅便捷的效果，而不只是通过自驾车或打车的方式达到所谓的便捷。

而从第二组数据来看，对于无缝衔接系统首先要解决的问题，人们的观点比较分散，如何无缝的链接各个系统以及其他原因占到了领先的比例，分别为 33.33% 和 22.22%。这可以看出人们对这个系统的可行性还存有一定疑问。

而从第三组数据来看，对这个项目未来的预测，人们的观点比较暧昧，看好这个项目的人与不看好这个项目的人，以及觉得不知道的人可以说是势均力敌。这表明了人们对立体交通的未来有些迷茫。

五、调研结果以及项目前景展望

经过两个环节，两个阶段的多种方式的调研，我对北京公共交通有了进一步认识，更加意识到公共交通作为一个城市流动的血液，对一座城市的深刻影响。

1. 调研结果分析

基于调研，我认为提倡多元化公共交通不仅是基于北京市的实际情况，也是能够实际的提升北京公共交通运行效率，缓解北京交通压力，甚至改善人民生活的。

下面是具体的对策分析：

（1）大力发展轨道式公共交通

大城市优先发展以地铁为主的公共交通，不仅是解决交通拥堵最有效的方案，而且最符合社会公平的价值。

世界各大城市，无不是主要以地铁交通解决出行问题。若扭转北京的城市拥堵和城市污染，靠减少北京市人口这种渠道是不可能的。现实可做的、能够在一定程度上缓解局面的措施是：大力发展轨道交通，从根本上为减少汽车出行创造条件，减少尾气排放和城市拥堵。目前的轨道交通远远不能满足需求，表现为运力不足和线路太少。

（2）有力改善地面公共交通状况，实现公交确实优先

发展城市公共交通，减少个体或私人交通在市中心区使用，是缓解城市交通堵塞、减少空气污染、实现城市交通可持续发展的要措施，也是解决城市交通的一种行之有效的方法。

各国在制订城市交通政策时，无不优先考虑优先发展占有资源少而效益大的公共交通系统，即实施"公交优先"策略。"公交优先"涉及许

多方面，国内外对此也都形成了一定的共识，公交优先的目的是时间和空间均有限的城市道路资源条件下，通过给予城市公共交通一些特殊的优先措施，改善公共交通的服务水平，提高公共交通的通过能力、适应性和可达性，增强公共交通的吸引力，创造出更多的社会效益。

（3）引导人们选择高效、节能环保的交通出行方式

推广并鼓励自行车出行和步行出行。

在经历了机动化交通带来的堵车、废气和噪声污染等诸多问题的痛苦之后，人们开始重新认识自行车。许多国家又纷纷开始倡导自行车交通。

我国一直以来都是世界公认的"自行车王国"，北京尤其以此名声在外。但由于自行车丢失率高、缺乏合适的停车区等因素，自行车这种最环保的交通工具并没有得到充分的利用。自行车不仅在短途出行中有着不可替代的优势，如果解决了"停车难"的问题，它可以成为从起始地—公交枢纽，从公交枢纽—目的地的最便捷的工具。

它的充分应用不仅是一种高效的短途运行工具，更有力地降低了机动车行驶的频次。方便自行车与公共交通的配合使用，将有效改变目前我国居民出行依赖个人机动交通的局面。步行出行作为人类的最基本的交通方式，也是最基本的绿色交通方式，同时还起着各种交通方式的衔接和换乘作用，具有其他方式不可替代的作用。

（4）加强各个公共交通之间的无缝协作

每种公共交通方式都有它的优点与缺点。轨道交通虽然具有稳定性和高效性的特点，但也具有一定的脆弱性（易遭受攻击、恢复慢、维护成本高等），不够灵活。公交系统虽然具有灵活性和廉价性的特点，但是受地面交通情况的影响太大，不能准时到达，稳定性不足。自行车虽然具有灵活性，但是也具有一些显著的缺点，如不能长距离出行等。

而如果把这几种公共交通的方式有机、无缝衔接，便可以达到取长补短，提高出行效率。所以怎样做到无缝的衔接就需要从多方面进行改进与协调：基础设施的"微改建"，以及不同调度中心的实时协调是必不可少的。这其中涉及不同集团，不同产权单位的协调问题，需要理顺关系，明确责任人等等。

2. 项目前景展望

经过长时间的反复调研论证，政府已经充分认识到北京的交通问题

的迫切性，在"十二五"规划中要求建设 5 处综合交通枢纽、5 处公交中心站和 25 个公交首末站。① 而列席市人代会的市规划委主任黄艳也绍说，目前，本市正在进行 7 个综合客运交通枢纽和部分公交场站的选址和规划工作，在轨道交通站点周边将配建 3 万个机动车停车位、轨道交通和公交站点周边也将配建 5 万个自行车停车位，以方便市民用"自行车＋轨道交通"或"自行车＋公交"的方式出行。

而且，在"十二五"期间，北京将完善道路系统规划建设，构建区域一体化交通体系，改善交通运行情况。按照规划，到 2015 年，北京将实现中心城公共交通出行比例达到 50%，自行车出行比例侣持在 18% 左右，小客车出行比例控制在 25% 以下的发展目标。②

而这个自行车、地铁和公交车无缝衔接的新系统无疑为规划锦上添花。这个具有弹性的新系统既符合国家"十二五"规划的主导思想，而且更进了一步，是基于北京市地理条件和历史原因，以及现有条件基础上提出的一个人民群众感兴趣的系统，我相信，这个系统拥有美好的前景！

---

① 摘自北京市"十二五"规划相关内容。
② 摘自北京市"十二五"规划相关内容。

春运"学生军"视角下的
火车票实名制

暴天鹏

一、调查背景

按照国家规定，从 2012 年元旦起，全国所有旅客列车开始实行火车票实名制。其实早在 2010 年春运期间，广铁集团、成都铁路局就开始试行火车票实名制。2011 年 6 月 1 日，动车组开始实行车票实名制。不过，在国家决定全国所有旅客列车实行实名制之前，还是不可避免地在学界引起了一场大讨论，支持方与反对方各执一词，各有道理。那么火车票实名制到底如何呢？实践是检验真理的唯一标准，最具有发言权的就是在春运期间亲自体验了火车票实名制的广大普通老百姓。于是笔者进行了此次调查。

二、问卷调查

为了能更有效地反映火车实名制的实行效果，同时也为了保证问卷填写和回收的有效性，笔者选取了春运这个特殊时间段（人口流动最大）、异地上学的大学生这个典型群体（春运大军主要包括大学生、农民工和探亲流）进行了调查。

1. 基本情况

如下图，在被调查的人当中,81% 的人在实行实名制之后乘坐过火车。

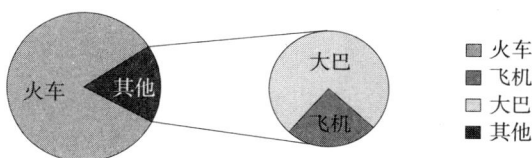

图1 交通方式的分布

这一点与实行调查前的考虑相吻合。只有绝大多数人都亲自经历过火车票实名制，才有发言权，才能保证此次调查的真实性和有效性。

2. 买票方式分布

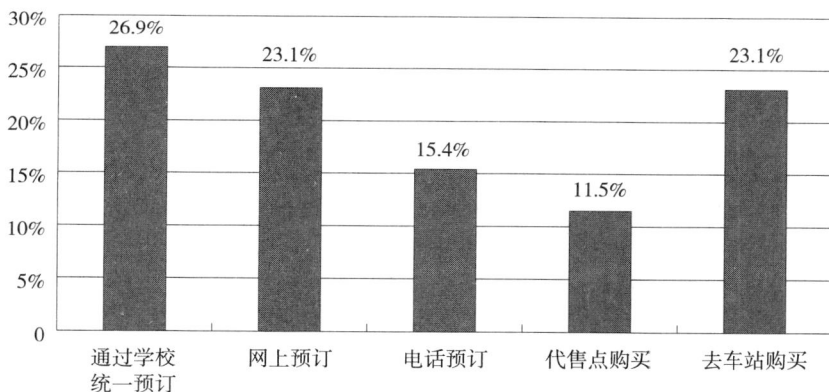

图2 回家购票方式分布

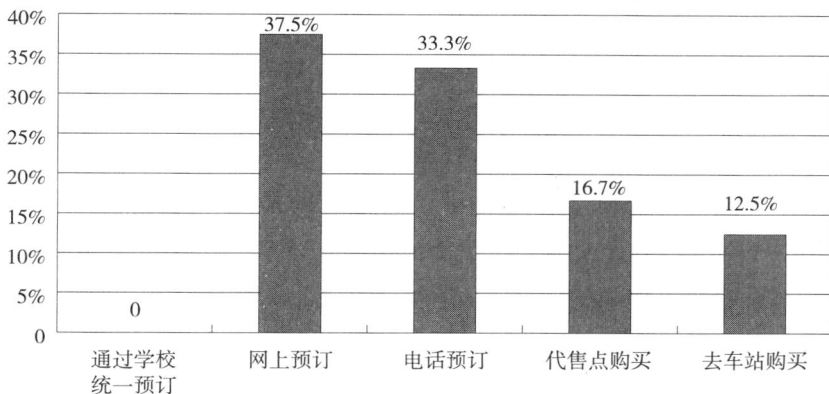

图3 返校购票方式分布

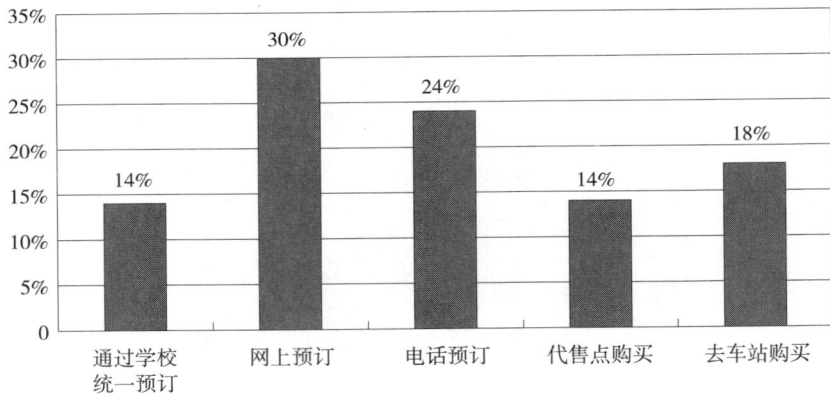

图4 总体购票方式分布

从上面图2—图4可以看出，网上预订和电话预订是大学生比较常用的订票方式。原因显而易见，大学生对电脑、电话等电子产品比较熟悉，且敢于尝试新事物，相比于还得出门的代售点或车站，它们当然是首选的方式。但从图2可以看出，在学生回家的过程中，通过学校统一订票占的比重最大，可见这种方式相对可靠，同时也不算繁琐，因此受到学生青睐。而从图3、图4可以看出，网上购买火车票虽然是个新事物，但所占份额最大，可知网上购票能够对促进火车票实名制有较大影响。

3. 排队买票或取票时间

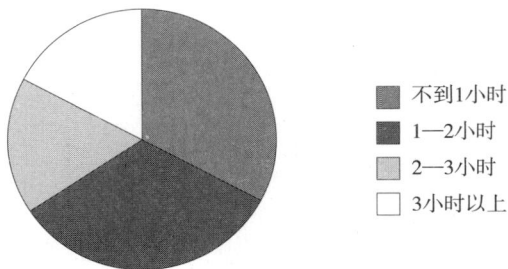

图5 排队购票或取票等待时间

如果说买不到票是人们经常反映的一个问题，那么买票或取票的等待时间长也是人们经常反映的另一个问题。由图5可以看出，人们排队买票或取票时间在1小时以内，1—2小时，2小时以上的各占1/3。

4. 实名制遏制倒票的效果

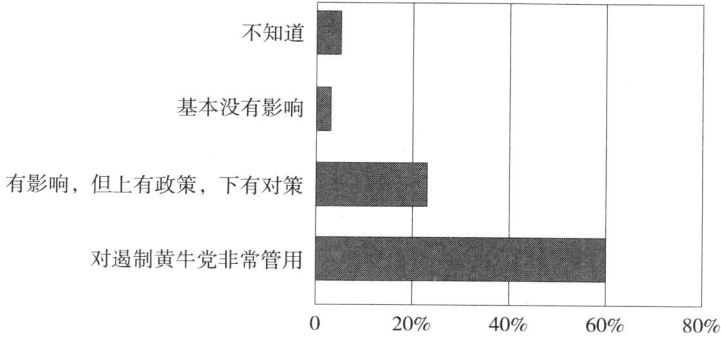

图 6 实名制遏制倒票的效果

实名制的目的之一就是遏制黄牛党倒票.由以上数据可以看出,绝大多数人对实名制的这一作用还是持积极态度的,但其中近 2/3 认为,实名制只能起到一定作用。俗话说,"上有政策,下有对策"。笔者在和同学交谈中,确实发现了一个通过黄牛党成功买到票的例子。可见,实名制在实际操作过程中还是有漏洞存在的。

5. 检票的繁琐程度

表 1 检票繁琐程度的变化

火车实行实名制以后,检票明显繁琐复杂了	21.7%
火车实行实名制以后,检票基本差不多	73.9%
火车实行实名制以后,检票更加简便快捷了	4.3%

有一种说法是,实行火车票实名制会使检票时间延长很多,从而带来极大的不便。不过就调查的结果看,这种观点似乎更多是凭空的感觉。其实超过七成的亲身体验过实名制的被调查者认为,实行实名制前后,检票的时间并没有明显的变化。只有两成左右的人感到实名制给他们带来较大的不便。

6. 车票的处理

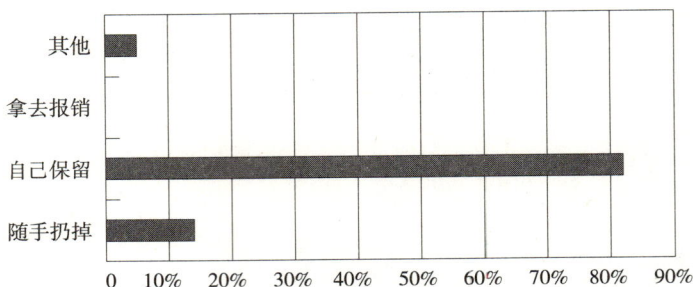

图7 车票使用后的处理方式

实行火车实名制之后，旅客的信息就被堂而皇之地印在了火车票上，由此带来的安全问题一直备受关注。从调查的结果来看，学生的自我防范意识比较强。有81%的人选择了自己保留车票。而且在"其他"一项中，也有人填写了"撕烂后扔掉"，虽然说这种方法没有自己保留稳妥，但足以表明他已经认识到了车票泄露个人信息的可能性。如此说来实名制的这一安全隐患在大学生这个群体中造成的危害并不大。

三、与朋友交流

除了使用问卷较大范围地了解一下人们对于火车实名制的一些常见问题的看法外，笔者还特意找了一些朋友，和他们较为详细地讨论了一些相关的问题。

例如，在和一个朋友交谈中，她就认为，网上购票对于那些受教育水平不高的人群，如农民工，是不公平的。为此在问卷设计时，专门加入了这一观点，结果有70%的被调查者表示认同。

在回家的火车上，听到一个旅客调侃12306网站十分难用，后来问及几个朋友，确实也有类似情况。一个朋友至少输了十几次验证码才订到票，之后又由于网银出了一点儿问题，没能及时付款，弄得又重新订了一次票。当然也有相反的情况，有一个同学只点了一次确认便顺利地订到一张卧铺。

还有朋友指出，除了在北京坐车需要在进车站前检查身份证和火车票外，其他地区的检票措施与实行实名制前没有什么大的区别，尤其是卧铺票。

四、个人看法、思考与建议

笔者认为，网上订票是为了方便人们而诞生的一种新的购票方式，虽然它仍存在着种种问题，但随着网络的普及化，随着网站的改进，随着网上交易的繁荣，网上购票已成为一种必然，而且它在促进火车票实名制、保证公平方面必将起到积极作用。

排队等待问题其实是一个实名制之前就一直存在的问题。随着实名制的实行，网上或电话预订的人越来越多。笔者认为，车站或代售点应当实行买票和取票窗口分开的方式，这样更有利于提高效率，缩短大家的等待时间。

对于检票时间长的问题，从问卷调查的结果和笔者的亲身感受来看，总体上，实行实名制并没有给旅客带来太多的麻烦。而且硬座区的复检（卧铺区只会换票，而不进行复检）由于使用了身份证识别仪，反而变得方便和高效。本人建议，以后的进站乘车也可以由现在的人工检票变为刷身份证。

火车票实名制可能引起的个人信息泄露问题在大学生中也表现的不是很严重。但在普通旅客当中就不得而知了。政府相关部门还是要加大宣传力度，增强公众的防范意识，同时还要加大对收集弃票、废票的不法分子的打击力度。

至于实名制在防止倒票方面的效果，笔者同大部分人的观点一致，即实名制起到了一定的作用，但效果并不像想象中的那么好。本人对此深有体会。我所在的城市是一个小城市，每天到北京的直达列车只有一辆，卧铺更是少得可怜。因此，以前要想买卧铺都得托关系、靠熟人才行。实行实名制后，我还专门试探性地托亲戚订票，结果得到的答复是：今年网上实名制，公开透明，没有办法弄到，让我自己去网上订。为此，我还欣喜了一阵。结果返程途中，随便问及同一个车厢上人是怎么买到卧铺时，还是有一个说是托熟人买的。此外，我还从一个朋友那儿了解到，她的一个高中同学由于年前没及时订到票，为了能过年回家，被迫从一个倒票贩子手里买了一张。由此可见，实名制确实起到一定作用，但仍存在漏洞，不能太过乐观。

总之，火车票全面实名制刚刚开始推行，工程庞大，因此出现许多问题也是可以理解。从调查的结果来看，78.2%的人对实名制持支持态度，17.4%的人觉得是否实行实名制影响不大，由此可见，推行火车票实名制的效果还差强人意。但笔者认为，要想解决春运问题，只有实名制是不够的，增强运输能力是另一个不可或缺的因素。好比一块蛋糕，实名制是想把蛋糕分配好，但如果蛋糕不够大，刀法再好的厨师，也无法满足每个人的需求。

第二编

关乎人文——社会文化篇

话剧市场及其消费群体研究

——基于北京的调查

赵新宇　　王子健　　李思遥　　仇沛然　　蔡安平

一、我国话剧市场现状分析

1906 年冬，孙中山、黄兴等革命党人在日本制定出了《革命方略》。几乎同时，十几代清朝留学生在日本东京建立起中国第一个现代戏剧社"春柳社"，他们意识到——历史也最终证明——古老东方大国的近代文艺改革与复兴，正是在此时于一片沉寂中开场。

就这样，"冀为吾国艺界改良之先导"的话剧，与启蒙思潮一道，轰轰烈烈地进入了中国的社会变革大舞台。在那个变革精神旺盛的年代，"看戏是消闲的时代已经过去"，话剧成为"推动社会使之前进的一个轮子，搜寻社会病根的 X 光镜"。《日出》《雷雨》《茶馆》《于无声处》无一不成为话剧改变一个时代的经典标注。

视线回到百年之后，话剧挥别了革命年代，回到了艺术与休闲的本位。而这时，中国的文化市场已进入了全民消费时代，被定义为"文化身份地位最高"却在历史舞台起起伏伏几近式微的话剧，似乎迎来了新生。

2009 年 7 月 22 日，国务院常务会议通过了《文化产业振兴规划》，演艺娱乐被列为须加大扶持力度的重点文化产业。有数据统计，从 2010 年 1 月 1 日至 2011 年 3 月 18 日，在北京市场有 427 个不同的话剧项目上演，平均 1 天 1 部新剧登台。同时，一大批民间小剧场话剧社搭台组班，多个老而弥坚的经典剧目创出票房新高，欧美演出团体也纷至沓来……据统计，2010 年北京话剧演出 2919 场，比 2009 年增加 1339 场。北京话剧观众为 152.5 万人次，比 2009 年的 83 万人次增长 83%。有报道称，现在北京共有 30 个小剧场在演出，小剧场话剧 2010 年激增至 300 部以上。新剧推出的速度如此之快，以至于连一些北京市场中的职业话剧人"都不清楚市场中到底都有什么戏"。而今，观看小剧场话剧已成为京城"潮人"和白领一族的新兴娱乐活动。

这一切景象，在大众看来，都可以归纳为"繁荣"。但有业内人士却明确指出，话剧市场"表面非常好，但是内部是'虚火''虚热'"，大多数话剧团体还在尽力"赚回成本"，希望突破"大演大赔，小演小赔"的圈内谚语。中国票务在线项目经理芦建鹏说，2011 年话剧市场整体偏冷，年底剧目集中，供过于求的现象更加突出，差不多九成的戏都是赔本赚吆喝，尤其小剧场几乎没有赚钱的剧目。眼看着后来居上的影视、动漫产业在投资促进下的飞速生长，话剧却还没有找到一个公认成熟的盈利模式和引资途径。而早在 2002 年就拉开的文化体制改革大幕，更是在此时进入深水区，"文艺改企"风浪之中，"国字号"剧团、"改企"剧团和民营剧团三者之间，围绕着改革方向与盈利模式的探索，甚至各自市场和投资的争夺，纠葛愈发明晰。

那么，目前我国话剧市场出现了哪些问题呢？

（一）竞争手段恶劣造成了话剧市场的失衡

由于演出过于集中，有些公司为了抢市场从而以恶意低价来竞争，破坏了整个市场的平衡。以话剧《办公室有鬼》为例，我们了解到，两个月间就有四五个包场都因为价格原因而流失了。票务代理公司从话剧票务销售中可以拿到的折扣是 8.5 折，但一家专门制作爆笑喜剧的公司却破坏游戏规则，自己销售的票价比 8.5 折还要低。《办公室有鬼》系列的包场价格一般是 7 折，但还是上面提到的那家公司，却往往报出 5 折，甚至以低至 3 折的价格来竞争。对于一个认真制作的小剧场话剧而言，这种价格是要赔本的。面临买家的杀价，剧组不得不放弃。

（二）"低俗化与媚俗化"趋势使得观众审美缺失及对话剧理解出现偏差

话剧市场的不景气同样也是多年来恶俗戏剧炒作的结果。著名话剧导演孟京辉表示："有些人还向戏逍堂（话剧制作团队）致敬，说什么他们在为戏剧争取观众。我想问一句，争取那些观众有意义吗？去看那些恶俗戏剧的观众压根就不属于我们戏剧群体。因为严格地说，他们现在看的那些恶俗戏剧根本算不上戏剧。他们根本不会成为潜在的戏剧观众，我们根本不需要这样的观众群体。"这番言语可能会让一些做戏的人甚至观众感到"伤自尊"，但他的这番"恶毒攻击"却也代表了一群"沉默的大多数"的心声。早在 20 世纪后半叶，尼尔·波兹曼就曾经发出过"娱乐至死"的慨叹。如今泛娱乐化的市场早已成为艺术家的一块心病。"话剧危机"不是个新鲜的概念，与之相伴的"好剧本缺失，娱乐道德丧失，艺术传承后继无人等"都是文人们担忧的问题。当然，从血缘亲疏来看，他们似乎是最有资格去评论这门艺术传承的群体。

然而，关于"高雅"与"通俗"之争更像是一场永无止境的辩论。摘掉了为艺术而艺术的帽子，商人们的举动是那么干脆又直接。顾客就是上帝，票房创造财富。于是以减压、爆笑、盘点等为目标专为观众而排的剧目，受尽文人的鄙视，却为商人赚足了荷包。

"通俗"是否一定是"媚俗"？迎合了大多数人的喜爱，是不是就一定代表了文艺水准的低俗？这是一个值得商榷的问题。不过当从业者争得不可开交之时，观众的判断力和鉴赏力似乎是在被"过度"的重视中给忽略了。文人们怕观众一不小心"低俗"了，商人们就怕观众不再"低俗"。其实，如果话剧除去了为教育、为娱乐的目的之外，单就每一部话剧，每一位愿意走进剧场观看演出的观众来说，话剧究竟能带给他们怎样的体验其实早已超出了创作者的想象而进入了另一个"再阐释"的阶段。

（三）小剧场话剧盈利能力不足，致使创作团队与演员缺乏创作动力

2010 年年初，曾有网友在网上公布了一份北京人艺工资单："2009 年 10 月北京人艺一级演员平均工资是 2536 元；二级演员平均工资是 1839 元；三级演员平均工资是 1444 元；四级演员平均工资则只有 882 元。宋丹丹为 2752.32 元，徐帆是 2920.67 元，陈小艺是 1720.06 元，何冰是 2558.99 元，胡军是 2175.17 元。"

著名话剧演员、北京人艺演员队队长杨立新在接受《中国经济周刊时》

表示："话剧演员并不是人们想象的那么一个赚钱的职业。"他回忆："1978
年以前，演出一场的酬劳是3角钱加2两粮票。现在改善挺大的，2009
年国庆演出前，演员酬劳平均396元每场。为了体现多劳多得，主角700
元到800元每场，配角最低有120元到150元每场。张和平院长来了后，
下了很大的决心，在北京市财政局还没有同意的前提下把主角的一场演出
提到1500元每场，配角最低400元每场。但即使是这样，通常演出一个
话剧的排练时间需要两个月左右，演出只有几十场，也不是天天都有演
出。拿《茶馆》举例，2010年只有16场演出，作为主角的梁冠华（饰演
王利发）平时的工资也就是2000元上下。"

不只是演员的收入拮据，很多演出团体的财务状况也并不像火热的市
场反映出的那样乐观。"目前话剧圈流传着'首轮演出能把成本收回来就
算赚了'的说法。"中国票务在线话剧项目负责人马元超曾说，"一些不那
么知名的话剧团体必须要靠重复演出来聚集人气、提高知名度。比如，某
市话剧团的《疯狂的疯狂》从2008年7月至2010年4月已在全国上演
107场，才出现盈利。"

另一个例子是北京蓬蒿剧场。蓬蒿剧场位于北京南锣鼓巷东棉花胡同
内的一个小四合院，是王翔于2008年在北京市以第一家民间资本投资并
获得商演资格的小剧场。王翔是一名牙科医生，用当牙医赚来的钱贴补到
这个剧场的运营，已经成为蓬蒿剧场运转的常态。

王翔在接受国内某杂志采访时表示："目前座位数在100人左右的蓬
蒿剧场，场租1000元左右，但每天的成本支出，仅房租就有1000多元，
加上人员工资、水电费等消费，每天开支在1000元到1500元左右。按每
天都有演出计算，一天还要亏500元左右，一个月就要亏15000元，还没
有算设备折旧和演出也不是每天都有。这样算来，一年至少要亏20万元
左右。"

王翔表示："座位的有限和低廉的票价，都决定了至少在短期内建小
剧场是一桩赔本的生意。"但是之所以要坚持下去，王翔说："小剧场的票
房收入只能达到成本支出的1/3，还有1/3要靠经营者的热情、理想和公
益心，另外的1/3就要靠政府和各种基金会形式的支持。"

对于经营艰难的小剧场存在的意义，王翔认为："小剧场话剧是经典
剧目的孵化器。经典最初都是先锋的，从先锋开始慢慢厚重、鲜活、灵动

地留下来成为经典，而小剧场是这种良性循环的基础。"

尽管我国话剧市场的现状不容乐观，我们依然还可以看到大批像王翔这样一心想做好话剧的人。话剧市场究竟存在哪些问题？作为话剧的主要受众、话剧团队的直接经济来源，消费者又如何看待这些问题？话剧与其他文化产业的竞争力如何？话剧的发展前景将会怎样？基于这些思考，我们开展了此地调研活动，并对调研结果进行了详细的分析。市场化时代的话剧，正面对着一场全新的革命。

二、针对话剧消费群体的影响因素分析

我们针对所研究的问题制定了详细的调查问卷，将话剧市场的消费者作为调研对象，并通过在剧场派发问卷、在互联网上发布问卷等方式回收了有效问卷 64 份，以下是我们就影响观剧群体的各方面因素进行的分析。

首先，是月收入对观剧群体的影响。我们所覆盖调研对象的月收入组成如图 1 所示，所占比例最大的是 34% 的无收入者；其次是占 23% 比例的月收入一万元以上的高薪者。

选项	小计	比例
无	22	34.38%
2000 以下	3	4.69%
2000—5000	11	17.19%
5000—10000	13	20.31%
10000 以上	15	23.44%

图 1　消费者月收入组成分析

通过这一组典型低收入与高收入的代表的对比，结合其他题目的结果分析，我们得出月收入对于话剧市场消费群体的影响主要有以下几个方面：

①影响观剧频率。低收入者中，观剧频率较低（一年一至两次）的比例占到 64%，而高收入者中，观剧频率较低的比例仅占 40%。收入越高，观剧的机会就越多。

②影响对票价的选择。低收入者选择的票价主要是 50—150 元，占其总体的 73%；其中购买学生票以及使用赠票的消费者占 73%，其理想的票价也在 50—150 元左右；而高收入者中，74% 的人会选择 150—300 的价位，80% 的人自己购买全价票，其理想的票价主要在 150—200 元。低收入者以学生居多，有机会享受学生票优惠（一般在 50 元左右），认为低价票是话剧合理的价位。而高收入者选择较高价位，一是因为优质的剧目全价票较贵，低价的剧目质量得不到保证；二是因为高价票可以享受到更好的座位、得到更好的观剧感受。

从总体来看，月收入一万元以下的消费者选择 50—100 元票价的最多，收入一万元以上者购买 150—200 价位的最多，更高票价也占一定比例。而观剧人群认为合理的票价，我们可以看出月收入一万元以下者倾向于 50—150 元，而月收入一万元以上者倾向于 150—200 元。值得注意的是，各收入人群普遍认为合理的票价不应超过 200 元。

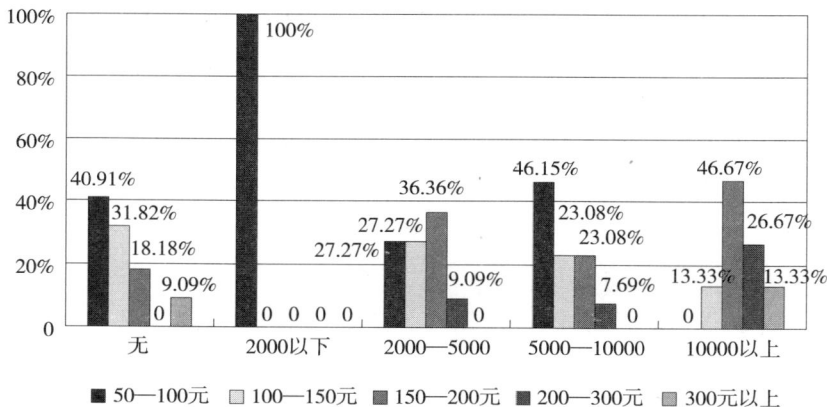

图 2　月收入对观景频率的影响

③影响对剧场的选择。在对剧场的选择基于哪些条件一题中，"交通便利"对于低收入者（36%）而言比高收入者（13%）要更加重要。交通也是一种成本，对低收入者来说，交通成本也是一种附加的票价。不过从后面的问题可以看出，很多时候，交通问题并不能阻止观众去看一场感兴趣的话剧。在"什么原因会使您放弃观看某场感兴趣的话剧"一题中，选择"交通不便"的消费者只占总体的 13%。

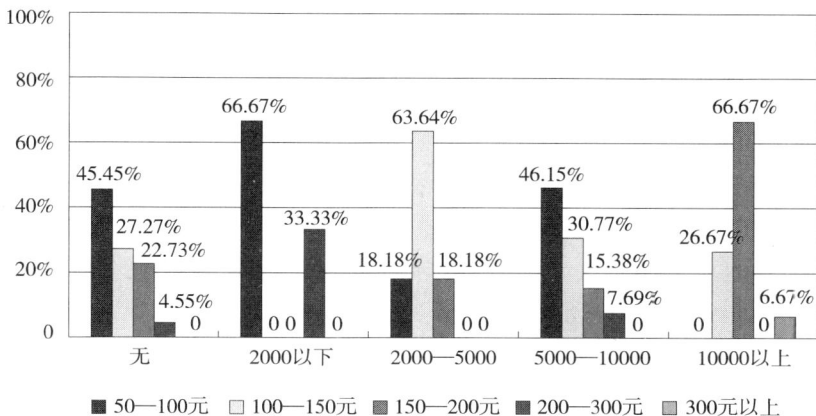

图3　月收入对预期话剧票价的影响

④影响对话剧的选择。对于为何放弃一部自己感兴趣的话剧，低收入者给出的原因以"没时间"（71%）和"票价过高"（62%）为主。而对高收入人群，时间（27%）和票价（20%）不是主要因素，"口碑不好"（33%）则显得更加重要。因此，票价是限制低收入者观剧的一大因素，而摆脱了对票价的计较，高收入人群可以更多地关注剧目本身的质量。

票价是与月收入密不可分的又一大影响因素。在实际操作中，很多时候消费者想要购买的价位已经售罄，这时消费者便会面对是否要购买更高价位的选择。这个问题对于无收入的学生来说尤为常见，当学生票售罄时，购买更高价位的话剧票就意味着至少一倍以上的成本。关于预期票价对实际选择票价的影响，由图4可以看出，消费者实际选择的话剧票价基本在预期票价上下浮动。有31%的消费者选择了比自己预期更高的票价，但一般不会超出预期50元以上。

重复观剧也是一种成本的投入。在分析会选择重复观剧的人群时，我们发现，看话剧频率越高、选择的票价越便宜，越可能重复观剧。这一点也可归为票价的因素。

在对于"话剧票价应该降低以迎合更多观众，还是应该提高以给创作团队更多回报、使其有更多资本进行更好的创作"的讨论中，45%的消费者认为票价应该降低，这样能以价格优势争取更多的观众，提高竞争力。也有人说有些戏剧不值高价。还有一部分人呼唤政府的力量，认为优秀的剧目应该得到国家的扶持，不应该把票价的压力都加到观众身上。

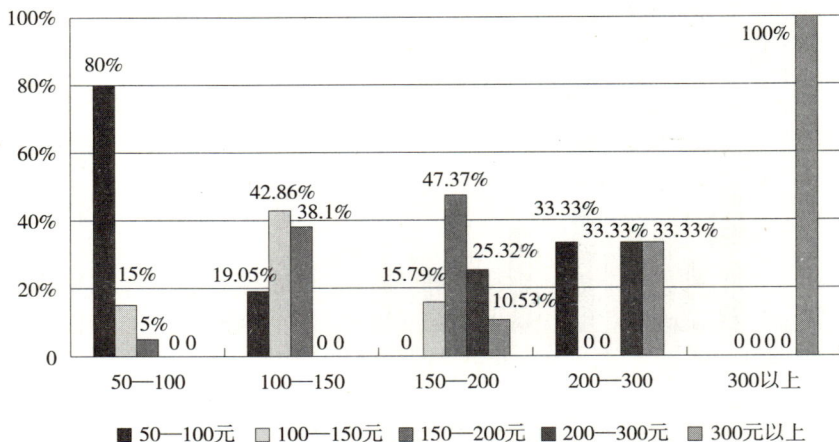

图4　预期票价对实际选择票价的影响

17% 的人则认为应该抬高票价，给创作团队更多回报，让他们有资本进行更好的创作，因为剧目的质量才是最重要的。还有 38% 的人认为，应该本着质量第一的原则合理定价，票价与品质相符，也可依靠商业赞助和政府投资来缓解票价的压力，让话剧更加大众化。

在文化产业不断发展的当今社会，话剧只是消费者可以选择的娱乐方式之一，在调查中我们看到，除了看话剧之外，有不少消费者还会选择看电影、唱 KTV、逛博物馆等娱乐方式。或许正是因为有着这么多的选择，67% 的消费者表示话剧支出仅占其文化支出（包括买书、CD，音乐会、电影等）的 10% 以内。因此，我们还针对话剧相对于其他娱乐方式的优劣势进行了分析。

选项	小计	比例
廉价	17	26.56%
便利	19	29.69%
更加大众化	38	59.38%
宣传手段更加成熟	16	25%
其他	8	12.5%

图5　其他娱乐方式相对于话剧的优势分析

从图 5 中我们可以看到，相对于看话剧来说，59% 的消费者认为电影、KTV 等娱乐方式的优势在于更加大众化。另外，价格便宜、更加方便、宣传方式较多等也是观众选择这些娱乐方式的原因。这些因素可以说都是话剧相对其他娱乐方式的劣势所在。对此，我们进行了如下分析：

①价格因素：从现在的文化市场上来看，参考"大麦网"订票系统，设施条件比较不错的电影院（如金逸、美嘉影城等）中，一场普通电影的票价大多在 80 元左右，一般都在 50—100 元范围内；博物馆、展览馆的票价多为 50 元以下甚至免费；而一场普通话剧的票价基本在 100 元以上，再加上剧场少导致交通上的花费等，看一场话剧的经济成本确实相对较高，一定程度上对看话剧的群体有所影响。

②便捷程度：从设施数量和便捷程度上来看，电影院、KTV 几乎随处可见，商场内设的情况也很多，而剧场的分布则更少、更分散一些，因此对于消费者来说并不是十分方便。

③大众化程度：话剧是现场艺术，内容需要现场表现，因此和电影具有不同的表现形式、表现内容和表现深度，这些因素限制了话剧的受众人群，不像电影、KTV 那样大众化、基本能让所有人都满意。

④宣传因素：从宣传上来看，电影所宣传的大明星、大导演、大制作知名度相对较高，网络上、公共交通工具上播放的电影宣传片和电影首映典礼等等都是电影更加吸引观众眼球的原因，相对来说，话剧的制作团队名人少、知名度不够高、缺少宣传手段等都成为了限制自身发展的因素。

在话剧与电影的优势比较中，超过半数的人认为话剧的优势主要在于其现场感较强，一部分人认为话剧的内容、演员更加优秀，少数人认为话剧的观看气氛更好，比较流行。电影的最大优势则在于大众化。从图 6 中的交叉分析可以发现，大多数人都是一个月看一两次电影，一年看一两次话剧，看电影与看话剧的频率、价格之间几乎互不影响。

但在对剧场选择的影响因素这一题中，我们发现了一个有趣的现象，从图 7 中可以看出，看电影频率较高的人，对剧场选择因素的考虑更加简单，对交通、条件的考虑很少，更加看重对话剧本身的兴趣。这或许从一定程度上说明，对于真正喜欢、经常看电影看话剧的这部分人，话剧以外的其他软条件都不会构成影响。

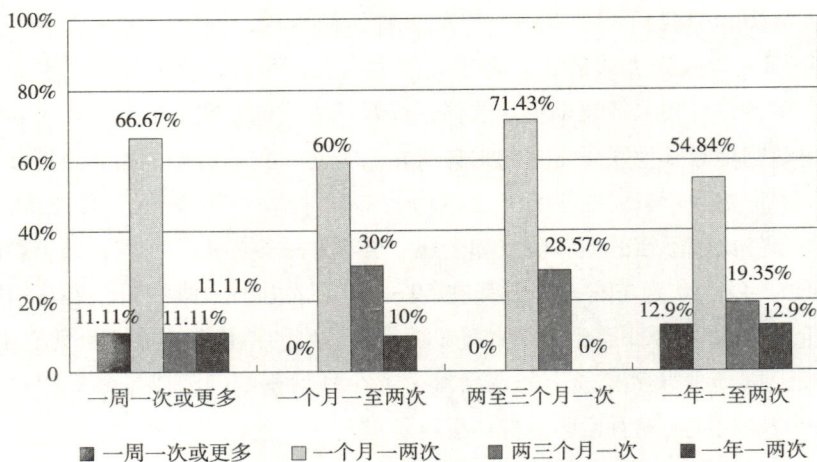

图6　看话剧频率对看电影频率的影响

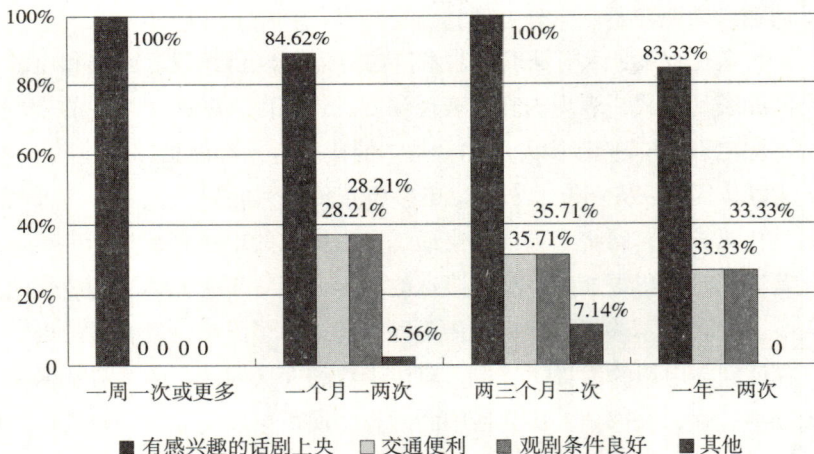

图7　看电影频率对剧场选择的影响

综上所述，影响消费者观看话剧的各种因素中，收入所占比重最大，它与观剧频率、票价选择都呈正相关，同时，充足的资金可以使消费者更少去顾忌到话剧之外的各种软性条件，甚至会更常选择重复观剧，因此低收入者在对剧场、话剧进行选择时考虑的因素明显比高收入者更多；对比其他文化产业如电影、KTV、展览等，话剧明显更加小众化，但它的优势在于它的现场感和互动性。当然，这些都只是一般情况下的结论。调查显示，对极其热衷话剧的观众来说，这些因素都不具备影响力，只有话剧本身才是最重要的；最后，从现在的市场状况来看，一方面话剧制作方获利不够高，另一方面消费者则抱怨话剧票价偏高，45%的受调查者期望话剧票价能够降低，其他人则众说纷纭，因此，如何在制作方与消费者之间取得一个合理的经济平衡，仍需一个更加官方的、深入的调查。

三、对话剧行业发展前景的展望与建议

话剧的基本创作方式是以独白、对话等语言以及姿态和动作来塑造具有戏剧性的人物形象。如果说音乐家创造了灵动的音符，将生活抽象为宫、商、角、徵、羽；画家勾勒出唯美的画面，将生活剪影为三原色的魔法；那么话剧演员则化身为哈哈镜另一头的你我，将生活映像为舞台上的戏剧人生。

话剧塑造的艺术形象与现实生活形态最为接近，话剧中的戏剧矛盾产生的方式也与生活非常接近，话剧真真切切地来源于生活，因而更容易感染观众，引起观众的共鸣。但话剧又不仅仅是将生活重复于舞台，它以象征性的艺术处理表达复杂的情感和深刻的思考，让观众看着熟悉的你我，以旁观者的态度走入日常生活无暇顾及的哲理沉思。观看话剧的过程，正是观众扩大对于自身生命的感受与认知的过程，从生活本身跳出来，审视过去、现在抑或未来可能发生的矛盾与冲突，这本身就是对于观者灵魂最强烈的震撼。

但我们也应看到，话剧这种深刻、震撼的特质并非一直得以坚持。在快餐年代的今天，话剧面临着是坚持艺术还是娱乐大众的抉择，而话剧的发展所面临的，显然不仅仅是这一个难题。话剧行业做出的选择影响着它今后的发展，对此，我们的建议如下：

（一）坚持定位

从调查报告来看，观看话剧人群主要为大学本科及以上学历的知识阶层。这从一个方面可以表明观众观看话剧是在一定文化素养的基础上提升自己的文化品位，这也是话剧本身应有的定位。

当今快餐文化盛行，人们手中的读物从厚重的名著变为肤浅易懂的消遣文字。艺术片的电影市场在萎缩，取而代之的是画面华丽、情节简单的

商业影片。于是有人试图以此为背景来修改话剧的定位，使之成为尾随商业文化的新消遣。有人认为，生活节奏紧张，生活压力大，所以看话剧是为了娱乐。这本身就是一个伪命题。人生的全部意义难道仅仅在于应付生活的琐碎？我们还有更重要的事去做，那就是追求精神层面的给养，探寻生命的内涵。仅供娱乐，这不是话剧存在的理由，也不是值得话剧诌媚的对象。纵然是在似乎连时间都在加速的今天，我们还是有必要增加对于精神层面的关注。

话剧这一独特的艺术形式，使得它每次演出的受众极其有限。演员们动情的表演不是为了让观众获得看好莱坞大片一样的刺激，而是希望更深层次地触动那些有血有肉的灵魂。话剧用艺术的方式给人们感动和震撼，唤醒人的精神力量，使之从生命深处迸发出来，这就是话剧艺术之美所在，这并不是娱乐性的艺术所能带来的。一旦话剧从艺术走向了娱乐，人们便会习惯性地在剧场中不再思考。或许我们需要一句《暗杀Q1…GO》中的台词，那个声音从舞台深处毅然喊了出来，震耳欲聋——"醒醒吧，都别笑了。"

（二）寻求政策支持

一场话剧的演出需要很大的成本，就目前而言，在剧本的创作和演员的付出并没有得到合适回报的情况下，票价依然超过了很多人的承受能力。因此引起的矛盾成为阻碍话剧进一步开拓市场的巨大障碍。而话剧这一建设精神文明的有利工具理应得到政府的支持。国家应该加大对于文化产业的扶持，这是精神文明建设道路上十分必要的环节。在政府的政策帮助下，更多人可以走入剧场，了解话剧，体验话剧，享受话剧，从而提升文化品位。而话剧创作团队也可以得到更多的回报，从而产出更优秀的作品。

在我国话剧发展的百年史上，大大小小的舞台记载着华夏的变革与兴衰。而在时代高速发展的今天，话剧这一艺术形式的传承需要更加明确的方向和更加强有力的推动。我们希望，话剧可以承担起文化建设的使命，为人们提供更加丰富的文化生活。

北京文化名人故居保护

——基于"梁林故居被拆"事件调查

杨　霄　杨　曦　孙杰文

一、背景引入

2012 年 1 月，"梁林故居被拆除"事件一出，立刻受到社会各方关注，引起一片哗然。据悉，北京市东城区北总布胡同 3 号四合院（现为 24 号院）在 1931 年至 1937 年期间曾为梁思成、林徽因夫妇租住。这一时期是两人对中国建筑史及文物保护作出重要贡献的时期，他们家的客厅被名为"太太的客厅"，是当时有名的文化沙龙。从 2007 年开始，这里由华润集团富恒房地产公司进行拆迁。2009 年，因涉及商业项目，24 号院门楼及西厢房被先后拆除。2011 年 7 月院内的正房被拆除，2012 年 1 月上旬又拆除了四合院的正门。东城区文化委称，开发单位考虑到故居房屋腾退后，因陈旧、几经翻建、无人居住等原因，易出现险情，因此进行了"维修性拆除"，但亦属"违规行为"，故居将于节后开工复建。[①]

北京是文化古都，千百年来，无数名人在这里留下他们的足迹。名人故居，是历史的见证，更是民族精神的承载与传承。据统计，目前北京已经确认的名人故居有 88 处，已经挂牌保护的国家级、市级、区级名人故居有 31 处。被列入国家重点文保单位的 2 处（宋庆龄故居和郭沫若故居），被列为市级文保单位的 7 处，被列为区县级文保单位的 12 处，另有 3 处

---

① 参考新华网 2012 年 01 月 28 日 22：04 报道《北京东城区称将查处违规拆除梁林故居行为》。

被列为普查登记项目，5 处作为保护院落。① 北京名人故居主要分布于东西城，且以老式北京四合院为主。在以上的故居中，有的建成了纪念馆，有的建成了博物馆，有的成为教育基地，还有很多尚未开放，甚至不为人所知。

二、实地走访

（一）北总布胡同"梁林故居"拆除现场

走进北总布胡同，梁林故居所在院落基本已完全拆除，外围用蓝色的挡板围着，最南侧有一个位置没有挡板，偶尔有人进出，两名保安守在那里。从挡板的缝里向里看时，隐约能看到几根木房梁，其余便都是残砖烂瓦。正要拍照，保安立刻过来制止："不许看！不许拍照！"与保安闲谈时，两人略显紧张，问及任何有关梁林故居被拆除的问题，他们都闭口不谈，而且基本是异口同声地回答"不知道"。据他们所说，这里 24 小时有人看守，从何时开始有人看守，守到哪一天，他们都不知道，"都听上级安排"了。后来询问附近居民得知，这里从 2007 年就开始就有人看守了。

在和附近居民的交谈中发现，他们大部分只是听说过这边有梁林故居，再具体一点的就都不知道了。问及梁林故居被拆，他们表示有所耳闻，但自己并没有什么看法。"拆与不拆，对老百姓生活没有什么影响。"

---

① 数据来自北京市文物局网站 http://www.bjww.gov.cn/。

正对梁林故居的路口，有一家小卖部，与老板攀谈许久，老板说："听说所谓梁林故居，也只是他们当初在这个地方租住了几年，听说许多有价值的东西早在30年前就被转移了。这里本身就很破，没什么建筑，2007年就基本拆没了，也不知道怎么回事今年就忽然被炒起来了。前几天一回来，发现这边围了好多人。"我们注意到一进北总布胡同时也有一座旧宅，从外观看上去保护的还不错，向老板询问，老板说："那个旧宅院，听说国民党时期一个大将住过，当时里面亭台楼阁，环境特别好。后来又住过很多国家领导人，现在的院子是翻新的，也不是什么原来的样子了。"

（二）清华园新林院"梁林故居"变书吧

梁思成、林徽因夫妇自1946年起在现清华园新林院8号院居住，共居住了8年。在这里，他们设计了国徽、人民英雄纪念碑，并见证了清华大学建筑系的创建。只是后来故居几经转手，家具早已不知去向，只有墙体还存在。后来，院子被分割成甲乙丙三部分出租给社会上的人，租金十分低廉。

2007年5月，在读MBA的清华学生李雪华和朋友一起租下了新林院8号院乙中的一间房子，随后又租下了乙的全部房屋。他们置办家具，将故居重新装修，使其变成了一个建筑主题的书吧，并迅速地运营起来。

推开镂空的小铁门，走进院子首先看到的是一颗大槐树。书吧里弥漫着书香与咖啡香，店内装潢很大程度上保留了原貌，墙壁上以梁思成和林徽因的照片作为装饰，书架上也主要是有关建筑的书籍，还有很多本《你是人间四月天》。据书吧的管理人员介绍，这里的最低消费是人均10元。目前的收入大致可以维持整个书吧的运转。这里已成为很多清华学子自习的新去处。

围着新林院 8 号院走了一圈，颇有些破败之感。由于其余房屋均为私人住户，不方便进入。但从院外可大概看到院内整体房屋布局已很不规整，很多都是后期随意搭建的。院外还堆着大量砖块、土石。询问路过居民，他们说这里私搭乱建现象十分普遍。"去年好像有相关部门制止过，说要对 8 号院进行保护，但后来怎样就不知道了。"

清华大学新闻与传播学院 10 级本科生鞠颖佳说："我很喜欢新林院 8 号乙这个书吧，氛围很好，有一种和历史名人对话的感觉。我觉得这也是文化名人故居保护的一种新尝试，使陈旧死板的建筑变得鲜活起来，值得推广。"然而，8 号院甲、丙两部分的保护状况，以及未来何去何从，目前令人担忧。

（三）北京其余名人故居一瞥

除了两处梁林故居，我们又走访了北京一些其他的名人故居。

宋庆龄故居和郭沫若纪念馆是北京市的两处国家重点文保单位，作为爱国主义教育基地对外开放，门票 20 元，中小学生可集体组织免费参观。故居内环境整洁，植被丰富，院落规模大且完整。在郭沫若纪念馆中，主人的客厅、办公室、卧室和写字间等都很好地保持了原貌，卧室的床铺旁甚至摆有郭沫若当年在走廊散步时穿过的布鞋。据郭沫若纪念馆的工作人员介绍，这里每天都会有人打扫，植被也有专业人员进行看护，尤其是对消防工作格外重视。由于这两个故居都于什刹海景区附近，来往的游客不少。但据观察，大部分游客都只是在门口留个影就走了，只有少部分愿意买票进入参观。郭沫若故居的工作人员说："这里一般在节假日时人比较多，平时就没什么人了。有时候赶上中小学组织集体参观，呼啦呼啦一大群人进来，也不是回事儿。"宋庆龄故居和郭沫若故居的保护状况很好，但其开放及参观情况仍有待进一步分析。

文丞相祠位于北京市东城区府学胡同 63 号，是南宋民族英雄文天祥当年遭囚禁和就义的地方，坐落于北京市文物局对面。从外观看保护得不错，对外开放，收取门票。

细管胡同 7 号是田汉故居，与之一墙之隔的是北京市第五中学。田汉故居目前保存得还比较完整，里面有人居住。隔壁五中的教学主任于黎老师说："学生们都知道隔壁是田汉故居，我们学校曾经进行过宣传，也曾在田汉先生诞辰之日举行过纪念活动。"

三、文物局访谈

在半个多月的不懈联系下，2月28日，我们小组终于电话采访到了北京市文物局古建所的某位领导。现将电话访谈的主要内容进行整理，如下。

问1：对于东城区北总布胡同"梁林"故居被拆一事，情况是怎么样的？

答1：这个我们不作回答，相关信息请参见我们文物局发言人的新闻稿。

问2：您能简单向我们介绍一下当下北京名人故居的保护现状么？

答2：北京现在认定为文保单位的名人故居没几所，你们从网上查到的什么80多所或者500多所的说法都是民间的，官方认定的并没有那么多。已经认定为文保单位的名人故居得到了很好的保护，我们在最初会进行全面的修缮，平时也会有专人看管。

问3：文物局在名人故居的保护过程中，充当什么样的角色？

答3：我们文物局负责界定故居是否有足够的价值来进行保护。经过我们认定的故居可以成为文物保护单位，一旦认定，便会对故居进行专门的修缮，平时也会有人来维护。对于已经认定为文保单位的故居，相关的经营和管理工作则归到不同的单位。比如郭沫若生前是社科院的，现在他的故居就归社科院管理。具体故居视情况不同归属的单位也不同。

问 4：那咱们文物局在名人故居的保护上持一个怎样的态度呢？很支持吗还是一般或怎样？

答 4：总的来说，我们不太支持搞很多名人故居出来。首先，名人故居的界定是一个麻烦的事情。要衡量"名人"是否有足够的名气和影响力便不是一个很容易的事情——要多有名才算名人？还要考虑房子的因素，很多名人在北京都居住过，但咱们绝对不能仅仅因为人家住过就进行保护。此外，也要看名人的家属是否同意进行挂牌保护。除了界定名人故居事情复杂之外，最大的问题是进行挂牌保护要国家财政拿钱。一旦认定为文保单位，就要进行修缮，现在修缮的价格是 8 千到 1 万一平米，如果名人的宅子比较大，这就不是一笔小钱了。光是修缮还不算完，财政还要拿钱雇佣专人对故居进行维护，积年累月的人工费也不是一笔小数目。哪怕是名人故居对外开放展览，但现在基本不收门票或者收的很少，名人故居也不可能靠开放参观来养活自己。现在的中国还有很多更需要用钱的地方，如果现在就拿出那么多的钱来供养过多的名人故居，无疑是本末倒置了。所以，在认定名人故居为文保单位时，我们进行得十分严格，因为名人故居搞多了弊大于益。

问 5：根据我们做的问卷调查，人们普遍反应现有的名人故居最大的问题在于宣传力度不够，您怎么看？

答 5：我之前说过，具体的经营工作分到不同的单位和部门，宣传这事跟文物局没有直接的关系。再一个就是游客对名人故居兴趣不大，宣传不宣传其实无大区别，哪怕就是国家级的故居宋庆龄故居和郭沫若故居，游客也是很少很少的。

以上内容便是我们小组电话采访的整理。

四、问卷分析

（一）问卷概况

本次问卷发放了 100 份，共计收回 90 份。由于发放人群多数是组员的亲友，问卷发放者的年龄构成多以年轻人为主（年龄＜ 30 岁），占全部调差对象的 71.7%。此外，由于本次实践的主题有着较强的地域特性，我们在发放问卷时尽可能地避免了对外地人的发放，回答问卷者都是北京常住者，故问卷结果更能反映北京老百姓眼中的情况，避免了对北京了解不足使得问卷作废的结果。综合分析本次的问卷结果，可以主要得到如下三点结论。

（二）问卷结论

1. 多数人对北京名人故居了解不足，大多数人对参观故居有兴趣。

资料显示，北京现在已经确认的名人故居在 80 处以上，其中已经挂牌的名人故居有 31 处。但是，根据本次问卷统计的结果，44.4% 的受访对象所知道的北京名人故居在 5 处以下，而了解 10 个或以上的人只有 17.8%。应当说，相对于北京庞大的名人故居数目而言，人们对名人故居的了解是很不够的。当然，由于主要的问卷对象都是年轻人，因为年轻人阅历还不够丰富，可能会造成一定的偏差。

在收回的问卷中，90 人中有 86 人对参观名人故居"有很大兴趣"或是"有一定兴趣"，其中"有很大兴趣"的占 44.4%。可见，尽管人们对北京名人故居的了解不足，但多数人都对参观名人故居有兴趣。分析"有很大兴趣"的人们的年龄构成，可得到图表如下：

根据上图可以看出，31 岁以上和 15 岁及以下对参观名人故居表现出较高的热忱，而在众多受访者中，对参观名人故居有很大兴趣的青年人（16—30 岁）只占所有的 5%。值得一提的是，本次的问卷调研对象，小学生有 30 人，而其中的 22 人都表示对参观名人故居"有很大兴趣"。可见，为了更好发挥名人故居的意义，组织小学生去参观是一个很好的办法。而且，北京许多名人故居对于学生的集体参观是免票开放的。

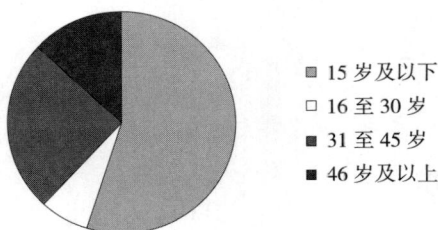

图1 "有很大兴趣"的人们年龄构成情况

- 15 岁及以下
- 16 至 30 岁
- 31 至 45 岁
- 46 岁及以上

2."宣传力度不足"+"陈列单调乏味"

当问及目前北京名人故居在发展上的软肋时，人们的答案分布情况可用下图来展现：

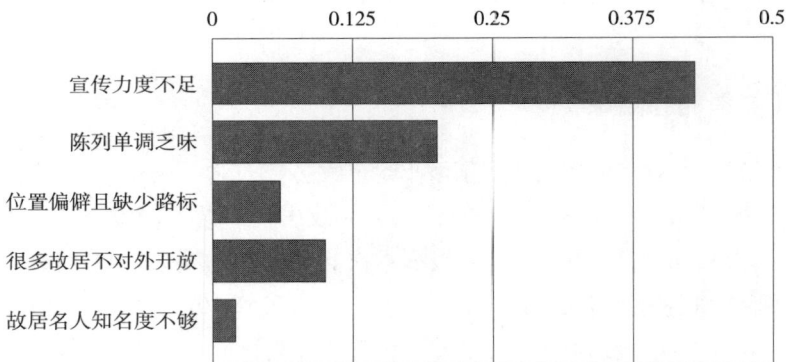

图2 北京某名人故居发展的软肋

可以明显看出，人们认为最主要软肋是"宣传力度不足"，这一点和前面得到的人们普遍对北京故居了解不足是相符的。此外，"故居陈列单调乏味"也是一个较为主要的软肋，约有1/4的人选择了这一选项。不少受访对象都在问卷最后的开放作答环节写下了自己对北京名人故居保护发展状况的看法和希望，而其中出现最多的关键词就是"增大宣传力度"。不少受访者也提出了不少方法，比如希望电视广播等媒体能多进行报道介绍，多组织团体性参观和设置为中小学生的教育基地等。

此外，在问到大家出于何种动机参观名人故居时,48.7%的人表示"在附近游玩，顺带走访"。这也从一个侧面表现了当前北京名人故居的知名度还不够高，要靠周边旅游景点来带动。不过，这也提出了一个很好的办法，就是让周边的更为著名的旅游景点来增强周边名人故居的影响力。北京仅有的两个国家级名人故居景点——宋庆龄故居和郭沫若故居，此二者便很好地融入了北海、后海南锣鼓巷旅游一线，无论在游客数量还是展览规模上都堪称京城名人故居的佼佼者。可见，为了进一步增强故居的影响力，故居的发展在"独善其身"的同时，充分利用周边地理环境的优势，形成区域性旅游也是一个很好的办法。

3. 梁林故居被拆，公民普遍表示愤慨。

作为发起本次实践的最重要的动机——东城区北总布胡同"梁林"故居被拆事件，当向受访者问及对此事件的看法时，知道这件事情的40人中有30人表示十分愤怒、难以容忍，此外的10人则表示并没有什么感想。在另一个问题中，在问到名人故居保护是否有意义时，只有4%的人认为没有什么意义。综合两个问题得到的结果，可以看出，绝大多数人们认为保护名人故居是有意义的，而知道梁林故居遭拆的人中，75%的人表示出了愤怒。有受访者在问卷最后写下"拒绝拆除"和"不要拆除故居，因为这些也是文化遗产"等话语，但也有受访者表示"要有选择的保护，不能盲目因为居住过谁谁谁就进行保护"。

五、结论及建议

在进行实地走访以及问卷调查之后，我们对北总布胡同梁林故居被拆事件有了更深入的了解，对北京市不同类型的文化名人故居的保护状况也有了一个更全面的认识，通过问卷调查更好地了解了北京市民的真实想法。我们小组对如下几个问题进行了深入讨论：

（一）我们到底应该如何看待梁林故居被拆一事

1. 梁林故居该不该拆

我组认为位于北京市东城区北总布胡同的梁林故居该拆。如果说梁林故居在北京只此一处，而且保存得还很完好，还有许多值得珍藏及保护的历史遗物，那么它是万万拆不得的。但是实际情况是，北京还有其他梁林故居，而此处早在三十年前有实际价值的东西就已经被移走了，如果不是今日的拆除事件，它根本得不到人们的关注，并不具有较大的文化价值。

在我看来，文化名人故居保护的意义可以主要归结为两点：

（1）保留了历史遗迹或遗物，方便后人凭吊或者研究

（2）能够引起当代人对于传统文化，中国历史的关注，有助于中国文化的发扬与传承。

然而此处的梁林故居的实际情况是怎样的呢？首先，它有价值的物品早已被移走，而且一直以来它也并未得到人们的关注，甚至周边百姓都不知道它在哪。显然，它并没有起到、也很难再起到文化名人故居的作用。

2. 如何看待媒体以及大众的观点

从问卷调查的结果我们可以看出，绝大部分的人都对梁林故居拆除一事表示愤慨。为什么此事会传得沸沸扬扬，为什么梁林故居的拆除为千夫所指，受到几乎是所有人的责难呢？首先，人民群众并不了解实际情况，他们了解信息的渠道完全是通过媒体，媒体怎么说，他们就会怎样看。如果媒体没有将实际的信息完整地展现给大众，而只片面强调一部分信息，便很容易误导大众。其次，当下人们普遍对拆迁话题十分敏感，似乎只要一提到拆字，就一定是政府不对、百姓受害。因此我认为这次梁林故居被拆一事，很大程度上是媒体的炒作迎合了当下人民对于政府的成见。

3. 谁最有发言权

对于梁林故居到底该拆还是该留的问题，我想最有发言权的是梁林故居的周边百姓。因为这里是他们生活过的地方，他们最了解实际情况；这里也是他们继续生活的地方，这里的一切都与他们密切相关，影响着他们的生活。我想如果真是一处完好的有价值的故居，以北京居民的素质，应该不会对其无故的拆除置之不理，不闻不问，毫不在乎，然而我们得到的结果却是周边百姓对此没什么看法，一大部分人都不知道梁林故居在哪，甚至还有这是"死东西占活人地方"的偏激看法，那么政府对于拆除的默许也并不难理解了。

（二）我们对于北京文化名人故居保护与发展的想法

1. 北京文化名人故居的现状

从问卷调查得出的三点主要结论看来，人们普遍都有着保护故居的意识，从大多数人对于"梁林"故居被拆事件的愤慨中便可见一斑。人们认为目前北京故居发展最大的欠缺是宣传力度不够，这也一定程度上造成了

人们对北京现有故居的了解十分欠缺。但是，尽管了解上有一定欠缺，多数的人对参观北京的名人故居有兴趣。

应当说，北京的名人故居有着得天独厚的优势，居住和曾经居住过太多太多有分量的名人。就拿近代来看，孙中山、宋庆龄、郭沫若、鲁迅等中国近现代史上的"大腕儿"都在北京居住过相当的时间，且都有相关的故居留存下来。如此之多的名人故居资源，人们却知之甚少，实在是一种遗憾。我曾去过江浙一代的几个古镇（西塘、乌镇、周庄、同里），这些地方对景点的开发意识很强，很多细小的景点都得到了开发——比如普通民宅规模的故居和占地上百平米的"博物馆"等，景点虽小，但将这些犹如珍珠一般的小景点串联起来，就形成了一条十分吸引人的旅游长线。反观北京，虽然绝大多数故居都位于东城区和西城区，并且很多故居的规模不小，但很多故居要么自己并不对外开放，要么缺乏路标指示，在开发上还有很多欠缺。仿佛是一把散落在草丛里的珍珠，纵然成色上佳，光泽耀眼，但却不为人所知。

2. 文化名人故居保护与发展的当务之急

对于北京名人故居的发展，最为重要的是增大宣传力度，增强故居的知名度和影响力，以更好地发挥故居的意义。

增大宣传力度的方法有很多。对于周边旅游环境好的故居，可以增强和周边旅游线路的联系，形成旅游线路的串联，自然可以带来更多的游人。接纳团队旅游也是极好的方法。从我们的问卷结果中可以看出，中年以上的人和中小学生对故居旅游有着较强的兴趣。不妨抓住这一点，相关工作单位和学校可以多开展到这些故居及其周边的团体旅游。再有就是故居可以开放对外的志愿活动。自北京奥运会以后，北京的志愿热情蓬勃地生长着，故居景点可以招收一些志愿者进行义务讲解活动，这样一方面增强了故居的参观性，另一方面也向更多的人展现了故居名人的生活风貌和精神世界。当然，在媒体上进行故居的宣传也是很有效的方法，印刷品、电视、广播等媒体都可以成为更好发挥故居价值的桥梁。

对于不少人表示的"故居陈列单调乏味"，我们可以丰富故居的展览形式。在郭沫若故居中，展览形式多是文字和图片，不少游人可能没有耐心将它们都过一遍。不妨在故居中放映一些名人的影像资料，这样"动静结合"，可以使展览内容更加生动。另一方面，我们也可以尝试一些全新的方式，如清华园新林院 8 号的梁林故居变书吧，不仅较好地保持了院落的原貌，同时书吧也以梁林故事和建筑为主题，很好地传承和推广了文化名人的精神，发挥了故居的实用价值。

3. 有选择性的保护与发展

我们小组讨论的最后一个问题是，北京有逾三百处之多的名人故居，我们是否要每处都大力发展，每处都大力宣传、大力保护呢？回答这一问题，我们的评判标准仍可归结为两点：

（1）保留了历史遗迹或遗物，方便后人凭吊或者研究

（2）能够引起当代人对于传统文化，中国历史的关注，有助于中国文化的发扬与传承。

因此，对于规模较大，保存完整，有代表性的故居进行重点保护，开发与宣传，以吸引更多人的注意，从而起到文化故居的最大效用，比如上文提到过的宋庆龄故居，就是较为成功一个的例子，不单每日的游客较多，而且还有许多北京高中生前来做志愿者讲解，对于这样的故居，当然可以采取我们所说的用各种方法加大宣传力度，丰富展览形式等方法。

而对于那些规模较小，保存情况一般的但是比较有影响力，较为受到人们关注的故居（比如虎坊桥边的纪晓岚故居），要有很好的保护，在有条件的情况下充分发展。这类故居我们可以借鉴的便是江浙一带各种小景点的串联方式，从而可以让多个故居共同发挥作用，得到人们的关注。

对于关注度较低，但是有较多值得保护的文物或者历史遗迹的地方，首先要加强保护，使其免遭破坏。也许考虑到条件的限制，可能无法对于此类故居进行如前两类故居一样的宣传与发展，但是有些必要的措施还是保证的：比如增强其与外界的联系，增设路标等，以及尽量保证其周边环境的整洁。

对于既鲜受关注，又没有什么保留价值的名人故居，而且在其他地方也有类似故居之处，我组认为，拆了也无妨，还不如用于经济建设，或者改善老百姓生活，位于北总部胡同的梁林故居恐怕就属于这一类。

4. 设想与现实的差距

从对文物局的访谈中我们可以看出，文化名人故居保护与发展也是一件十分复杂，在短期内不易产生明显改善的工程。首先，它不单单是文物局一方之力所能实现的，故居的宣传不但需要宣传部门、文化部门的努

力，同时也需要国家相应的政策落实，资金支持；另一方面，文物局还有其他许多工作，文化名人故居的发展只是其中一部分。上述问题十分复杂，并不是几条简单的建议能解决的，有些也已超过我们的调研所能考察以及思考的范围，我们感到文化名人故居发展的许多困难与障碍，是让我们感到十分无奈的，也是我们一时很难改变的。

（三）我们的建议和期望

基于上述讨论，我们的建议和期望概括如下：

1. 我们在看待梁林故居拆除的问题上，应该全面了解事情的实际情况，仔细思考其存在到底还有怎样的价值。我组认为，从故居保存与发展的实际价值来看，位于北总布胡同的梁林故居的拆除是无可厚非的。

2. 公众都具有很强的文物保护观念，但是由于获取信息的片面性以及对于拆迁问题的成见很容易被媒体误导。

3. 人们对于北京的文化名人故居很有兴趣，但是缺乏了解；这需要政府增强名人故居宣传力度，探索新的发展模式。

4. 对于有代表性的北京文化名人故居可以采取示范性的保护与发展，针对不同故居的特点，进行不同程度的宣传以及对于展览形式的改进。

5. 一些全新的保护方式也值得尝试和推广，可以更好地发挥故居的实用价值。

关于"我的中国梦"的调查报告

陈 瑞 张 俊

转眼间，漫长的寒假到了。寒假是放松的时候，也是受教育、长才干、作贡献的时候。习近平总书记提出实现中华民族的伟大复兴就是中华民族近代最伟大的中国梦。然而对于中国梦，老百姓又怎样想呢？他们的梦想会不会更加具体呢？近年来，教育、就业、社会保障、医疗、住房、生态环境、食品药品安全成为人们普遍谈论的话题，但是，久居象牙塔的我们又对当下有怎样的认识与理解呢？鉴于此，我们决定围绕"老百姓的中国梦"进行调查。

一、研究方法

1. 调查问卷

我们小组采用了网下网上两种方法进行数据收集。网下调查对象主要为公共场所偶遇的各类行人和小区居民（20—60周岁），以保证样本的随机性。共发放了100份问卷，最终回收有效问卷89份。另一方面，也将问卷挂到了网上，共有56位网友参与问卷，其中有效问卷为45份。

2. 集体讨论

研究过程中，我们共组织了3次集体讨论，对内容分工、问卷设计、数据统计、论文写作等方面进行了深入的讨论，并制定出相应计划。

3. 资料收集

作为涉世未深的大学生，我们的经验与看问题的方式、角度都有很大的限制。为了更好地完成问卷和论文，我们通过图书、网络等途径进行了多方面的查询和了解（见参考文献），并将收集到的资料运用于调查中。

二、调查结果与分析

1. 居民对"中国梦"的认可程度的影响因素

对于"中国梦"这样一个抽象化的概念，并不应该用"硬指标"来衡量，但是为了使本次实践的结果清晰一些，我们分析数据的时候都是与问卷的第四部分，即"关于梦想"的那一部分进行统计、比照。

（1）性别

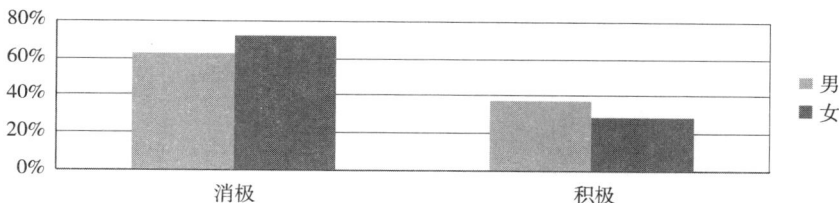

图1　性别对梦想认可程度

对于梦想的认可程度，以问卷第13问为基础，其中A、B、E为积极，C、D、F为消极。对于性别对梦想的认可程度，我们发现有超过一半的人对梦想持一种消极态度（这里的消极包括含糊不清与消极），而且女性比男性更缺乏对梦想的认可。这种结果的确有点出乎我们的意料，这可能与我们调查问卷的针对人群有很大的关系。本次调查主要针对20—50周岁的人，他们都已步入社会，受到来自各方的压力；另外就是男性仍然充当着主要劳动力，接触社会和工作的时间远远比女性多，更容易产生自重感。

关于男女对梦想追求这个问题，男性对物质有更高的要求，而大多数女性则将梦想放到了精神上的一种享受。关于这个问题，我与爸妈交流了一下，父亲说：我的梦想就是能给你买一套新房。而母亲说：一家人身体健康，幸福快乐就够了。女性主要扮演家庭角色，更倾向于为自己的家庭成员付出；而男性则更多的扮演在社会中的角色，因此物质上的满足则是他们的目标。

最后关于男女对梦想多元化的认识，约83%的男性认为价值观是多元的，而42%的女性认为存在一种普遍向往的价值观。这种巨大的差异

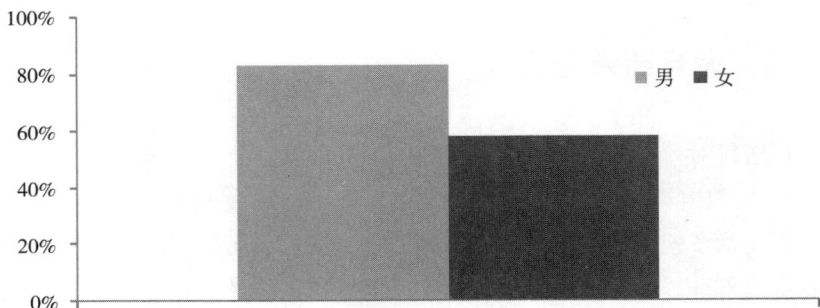

图 2　多元化认识

可能来源于以下几个因素：样本中女性所占的比例太小，单个样本的选择对结果影响较大，女性将自己的梦想与家庭的兴衰联系在一起，从而达到了某种统一。男性的工作地位使他们拥有更为广阔的人际交往圈。

（2）年龄

年龄上，就社会现状和调查人群来看，总体上对梦想的认可程度与年龄成负相关。

就个人眼中对梦想这一主题的认可程度来说，结果如下：

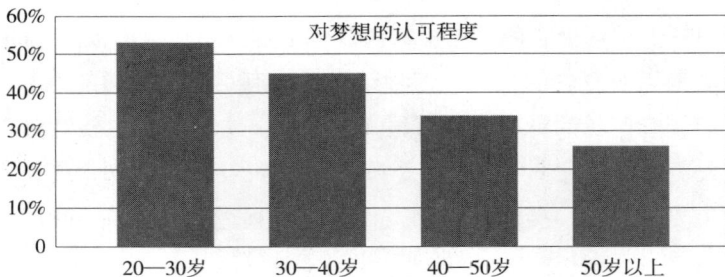

图 3　年龄的影响

图 3 清晰地显示出，随着年龄的增长，人们对梦想的认可程度逐渐的减小。

这可能与不同年龄的心理状况与社会环境的不同有关。刚刚走出学校的青年满怀梦想，想要干出自己的一番事业，而到了中年（30—40 岁），人们对曾经的梦想的看法有了很大的改变；到了中年后期，要面临子女谈婚论嫁的压力，承受身体上的衰退以及自己将面临退休的种种不适，中后期的人们对梦想的认可度进一步的减小。但是最终会维持到一定的比例，可能是孙子辈的降临给了他们新的希望，而且人到中年后期，也更看得开，竞争的欲望要比年轻人小很多；再者，随着社会的不断向前发展，持乐观心态的人也越来越多。

（3）教育背景

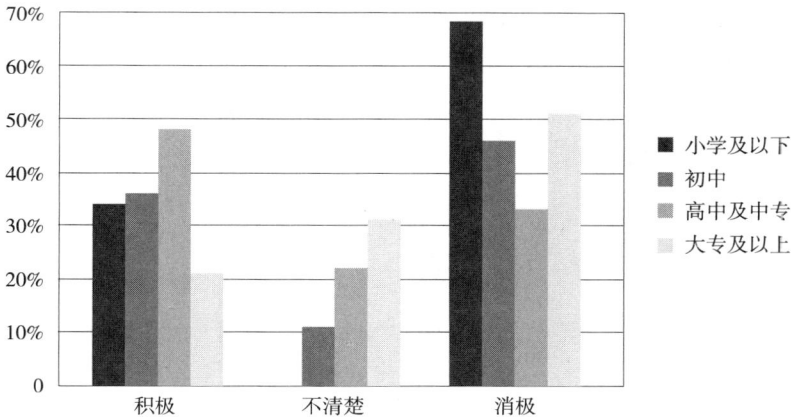

图4 教育程度的影响

调查显示，随着学历的增加，人们对梦想的认同并不是随之而上升的，而会有更多的人选择一些模棱两可的选项。我们分析认为：对于70后来说，学历一般都是初中或者高中，经过几十年的奋斗，都有一些小的成就，因此在对待梦想这个问题上有一定认识而且在当时吃不饱，穿不暖的情况下，对梦想的要求比较低；而对于80后来说，他们现在面临着房价上涨速度明显高于工资、医疗成本太高等一系列的现实问题，加上90年代后期的大学扩招，使得那个年代的大专以及本科专业"不值钱"了，这直接影响到了他们在社会所担任的工作角色和幸福感，从而也就对梦想这个词产生了怀疑。这只是小组成员内部的一些意见。

另外，我们还发现整体上来说受教育水平的高低与对梦想认识的水平直接相关，大多数教育水平高的被调查者在注重物质性的同时，也注重精神上的享受。

（4）工作压力

人的社会属性决定了自由人都要参与工作的特性，为了探究工作压力的影响，我们设置了第 8 问，这一问并没有直接地了解被调查者的压力状况。当初的构想是侧面了解被调查者的压力状况以及对梦想的影响，我们发现：

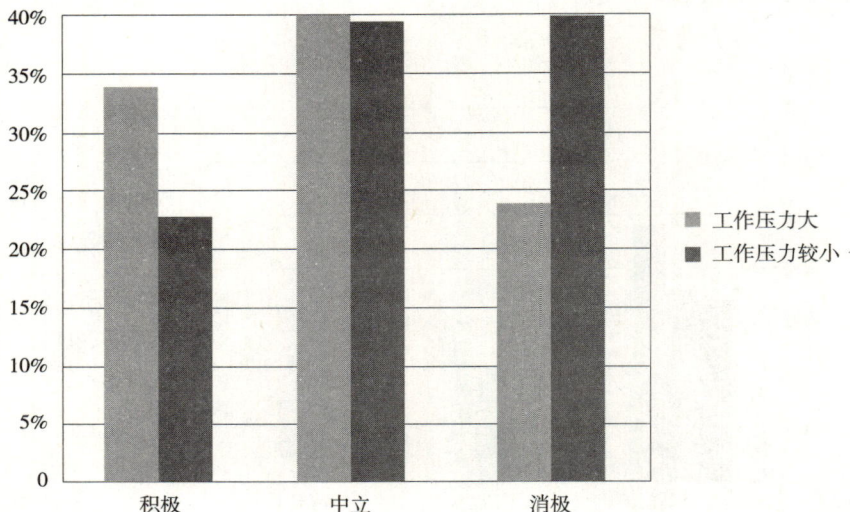

图 5 工作压力因素

工作压力大的人对未来可能有着更美好的憧憬。这估计是因为被调查者的工作压力大是暂时性的，而且他们的努力是有方向的。而工作压力较小的人，看不清自己未来的方向，对梦想显得很无奈。而另外的分析表明，工作压力大的人群对最近的梦想主要是物质上的，从而也大概验证了上面的猜想。但是实际上选择压力较小的比例在调查中仅仅占了 20% 左右，导致数据可能不太合理。

当然，我们在后期整理数据的时候发现，这个问题并没有设计好，将工作压力的大小与梦想挂钩并不是一个很好的主意。不得不承认，这是我们这次实践设计问卷的不足所在。

（5）个人素质

虽然每个人拥有的梦想不尽相同，但是大量的经验和数据告诉我们：成功者的某些品质是共同的，而实现梦想的途径大多是通过踏实的工作。就此，我们专门设计了第 11 问：各种个人素质对成就梦想的重要性，分析发现：

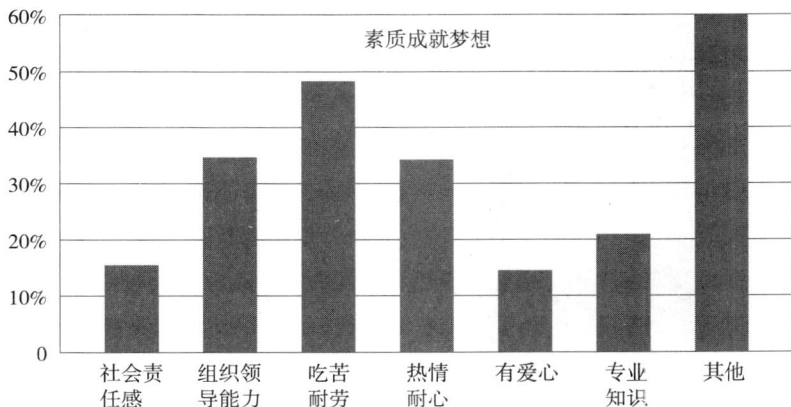

图6 个人素质因素

由上图可以看出，人们普遍认同吃苦耐劳精神。除了吃苦耐劳，拥有一定的专业知识，具有良好的组织领导能力，热情耐心的对待周围的人，甚至有爱心等传统意义上的美德都是成就梦想的必需素质。但对于社会责任感，大家还是缺少必要的意识。当然这和普通人在社会工作中所扮演的角色有一定的关系。

影响个人对梦想的认识的因素肯定不止这么寥寥几个，我们只是简单挑选了几个我们认为最重要的问题进行调查。当然以上只是针对人们对梦想的认识和理解的一个大致分析，然而我们的主题是"我的中国梦"，也是每个普普通通老百姓自己的中国梦。怎样将个人梦与中国特色社会主义的中国梦融合到一起？这将是我们第二部分讨论与分析的重点。

2. 民生热点

（1）居民民生关注重点

要了解普通老百姓的中国梦，我们应该首先了解广大人民群众的生活，即民生。简单地说，民生问题就是与百姓生活密切相关的问题，最主要表现在吃穿住行、养老就医子女教育等生活必需上面。民生问题也是人民群众最关心、最直接、最现实的利益问题。因此我们从民生问题入手，分析其中的某些联系。

从图7可以明确地发现，人们关注的最多的是个人收入、教育、房价、就业、医疗等与生活息息相关的现实利益问题。其中收入问题直接关

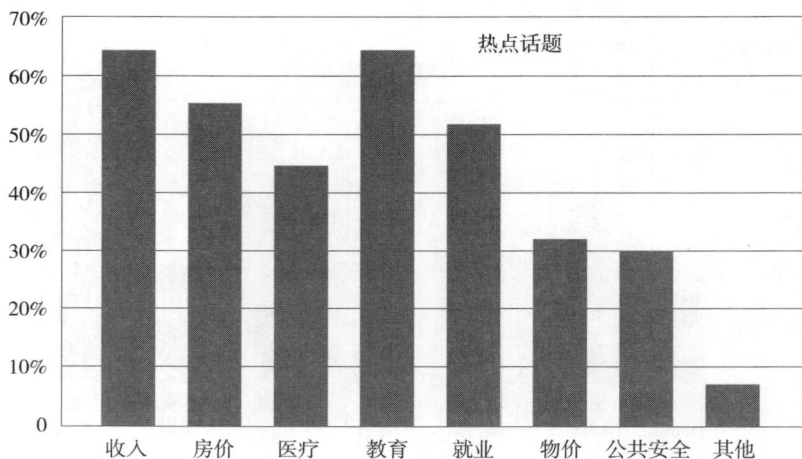

图7　关注热点

系到老百姓的可支配财产，更是重中之重。物质是精神的基础。没有物质基础（这里往往是可支配财产），就谈不上21世纪的中国梦。我们较为关注的问题是：住房问题、看病问题、公共安全问题。接下来我们将进一步的调查这三个问题。

（2）房价问题

"拥有一个可以安身立命的地方"是每个人的梦想。面对现状，人们也有自己的一些希冀：

通过调查发现，人们最关注的还是房价本身，随着对其认识的深入，

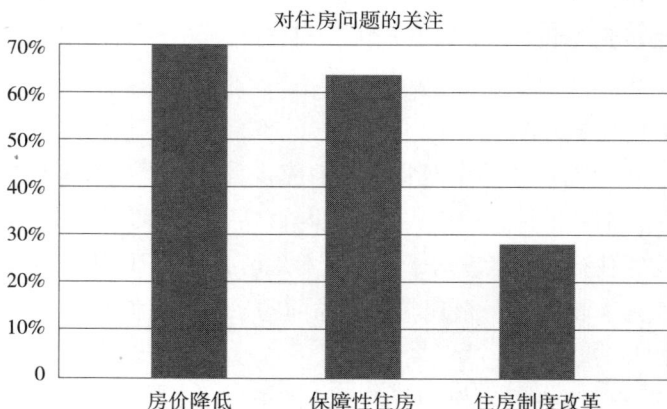

图8　房价问题

扩大保障性住房的规模，保障生活困难的人们的住房也逐渐受到重视。但是相较之下，人们并没有深刻的认识到现行的住房制度对现在的住房问题的影响，落差竟然达到了近50%。

（3）患者有良医

人的生老病死是大自然的规律。一旦生病了，就需要去看病。看病是一件关乎到每个人切身利益的事情。

简单地说，看病只涉及三样：患者、医生、药。医生用药治好了患者，这就是医疗。在社会分工的情况下，用利益栓紧医患、却也用回扣拴住了医药。处于社会主义初级阶段的中国，经济有了很大发展，政策有了完善，但总体发展的欣欣向荣还是掩盖不了局部发展的不平衡，前面所说的住房问题是一方面，医疗问题也是一方面。未能建成一套健全完整的医疗保障体系带来了很多的问题：看病贵，看病难，医疗条件差……

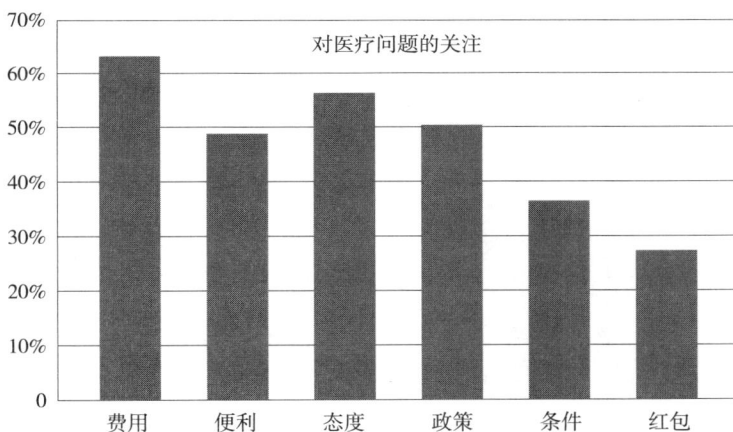

图9　医疗梦

但是即使这样，人们还是期待着在未来的某一天，看病将不再是一件让身心俱疲的事情。

（4）公共安全

虽然近些年来总体的安全形势是很好的，但是极端恶性案件发生的频率较以往有所增加，从针对学生的伤人事件到周克华连环杀人抢劫案，从校车事故频发到禽流感的爆发，从酒驾到河南高速大桥坍塌事件……安全，显得尤为重要。

对公共安全的关注

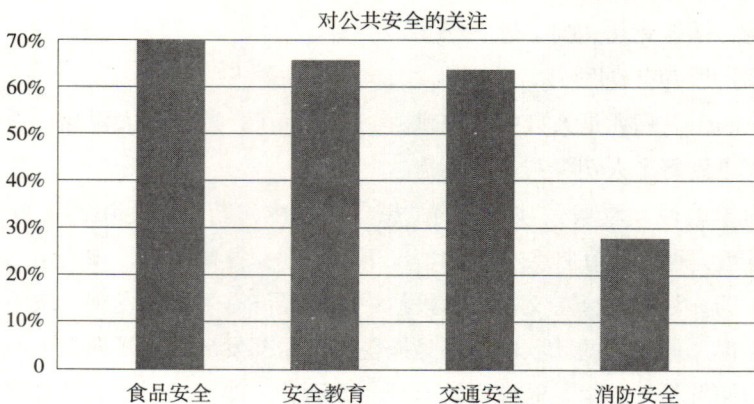

图10　公共安全

上图表明在吃得饱、穿得暖的基础上，人们更加注重食品安全，也更加注重对安全意识的培养。或许是最近几年世界各地大的自然灾害较多，加上气候的恶劣多变，人们需要了解在危难之时应当怎样做才能保护自己、保护他人。至于交通安全，总体上现在的情况要好于以往，但是在大型交通事故减少的同时，酒驾、飙车这类的现象却频繁发生，而且现在中国已经成为世界上拥有汽车最多的国家。这或许也让人们意识到交通安全的重要性。

对于其他人们热切关心的话题，由于人手和工作量的限制，我们没有进行进一步的调查，但是由着三个统计分析可以窥见：当代人的中国梦在很大程度上与现在中国的基本国情紧密联系在一起。去年暑假我也参加了一个"我的中国梦"的重点支队，通过对汶川灾区的走访调查，询问重建情况，与灾区人民畅想中国梦，我深切地体会到，作为最广大的人民群众，他们眼中的中国梦在很大程度上并不是实现什么宏图伟业，更多的是对美好生活的一种向往。如果你直截了当地问他们："你的中国梦是什么？"或许你听到最多的答案是："生活越来越好。"这样平凡普通的一句话，里面却包含着劳动人民对各方面的利益诉求。

3. 综合

（1）梦想的认可

梦想于你来说意味着什么呢？

"人生目标？"

"欲念之巅？"

"妄的尽头？"

我认为，这就是人活在世界上的意义吧。虽然每个人的梦想对世界来说只是微不足道的一个念头，但是在所有人的意识统合形成的这个世界里，梦想是一个决定其存在及发展方向的因素。不能小瞧梦想，就如不能小瞧奇迹一样。

每个人都在为了生活疲于奔波，但每个人都应该问自己，还要坚持那遥不可及的梦想吗，还想兑现昔日关于梦想的承诺吗，心中的声音依旧坚定地响起着吗？

这是此次实践中我对梦想的一些认识和看法。通过这次调查，我们初步认识到了重庆市万州地区人们对"梦想"这个不常被人提起的词的看法和认识，也让我们自己重新思考。但是当我们看到步入中年的人们对"梦想"这个词已经感到些许生疏时，我们有所担心；仔细想来，我们在统计的过程中，有些主观臆断，将一些模棱两可的看法也默认为消极了，想到这里，内心就释然了。其实，无论男女老少，梦想都是每个人人生的助推剂。有梦想的人不一定成功，但是没有梦想的人生必定是惨淡的。

（2）梦想需要支持

一个人的力量是有限的，但是作为具有社会属性的人，我们还是有可以依赖、倚靠的肩膀。其中重要的一个肩膀就是工作单位。

如果你有梦想，却并不能多快好省地实现它，那么你最希望得到怎样的帮助呢？这必将是一个很有意思的问题。

根据设计的第10问，我们发现在众多帮助中，人们更加青睐提高工资、社会福利以及培训机会。我们认为，这三者都反映了普通大众：首先，人们不再满足于对基本生活的需求，进而对生活质量方面有了更高的要求，这也反应现今的主要矛盾仍然是落后生产力与扩大的需求之间的矛盾。要解决这个矛盾，要求的或许不仅仅是工作单位的努力，还需要国家将经济这块蛋糕做得更大更好，同时分好蛋糕；第二，人们对社会福利的要求，反映的是人们在步入新时代后更加注重长远的打算，大家对待生活的态度趋于理性，所谓防患于未然；第三，人的能力是有限的，步入纷繁陆离的社会，个人会有个人的长处，也会有短板，但是经过一定的培训，是可以提升自己能力的。

针对这个问题，我们也尝试着去和被访者进行一些简短的交流。关于他们需要的帮助，被访者普遍承认：实现自己的梦想是一个庞大的工程。因此，来自别人、单位甚至是国家的帮助必不可少。但是他们也强调：实现梦想的主体永远是拥有梦想的人，帮助可以是助推剂，但是却不是主体。要实现自己的中国梦，还得依靠自己的奋斗与拼搏。

（3）中国梦

国家梦是基于个体梦的，在一个个体没有梦想的国家，不可能有真正的国家梦。只有在个体梦想丰富并且有机会实现的国度里，国家梦才有可能孕育。国家梦同时又是超越个体梦的，个体梦表现形式纷繁多样，国家梦的内涵却是人们普遍向往、信奉和追求的。国家在发展和富强，社会更有序、更开放，个人的财富在不断增加和积累。中国可以支撑和包容越来越多普通人形成梦想并实现梦想，整个社会也因梦想的蓬勃丰富而更有活力与魅力。

第三编

大国之基——教育篇

大学生短期支教现实意义的调研

蒋含冰　万明超　宁温馨　吴艳霜

一、大学生支教的现状概述

改革开放以来，我国教育水平随着经济的快速发展也有显著提高，2006 年，国家出台"三支一扶"政策，鼓励大学生到农村基层从事支农、支教、支医、扶贫工作。支教大学生数量逐年增多，且支教活动也呈现出规范化、组织化的趋势。另一方大学生支教的形式也越发灵活，学生组织、学生社团组织都组织了不同形式的支教活动。然而大学生的支教活动在很大程度上比较盲目、缺乏经验、准备不足、缺乏科学计划和理论指导。就此我们四人就这一问题结合实例进行调研。

二、人物采访

1. 河南省滑县英民小学

经过对我们家乡所在地的学校情况的初步了解，我把本次实践的访谈的学校确定为河南省滑县英民小学，原因有如下几点：首先，英民小学是这些学校之中接收大学生支教活动较多的学校，也是接收清华学子支教最多的学校；其次，距离较近，便于访谈的进行；最后，我家附近有不少孩子在该校就读，易于从这些孩子口中了解他们对于支教的真实想法。

2012 年 1 月 13 日上午，我来到英民小学，对该校小学二年级一班的班主任刘老师进行了访谈。首先，刘老师向我简要介绍了英民小学的情况。英民小学是一所十分年轻的学校，由于滑县政府的大力扶持，建校几年来得到了快速的发展，一些支教资源也被较多地分配到这所小学。

在谈到支教问题上时，刘老师介绍到，由于滑县是国家级贫困县，很多学校的支教活动选择在此进行。来进行支教的绝大多数是在校大学生，其中不乏来自于诸如清华、北大之类名校的学生，当然也有一些来自于省内的师范院校。普遍说来，这些来支教的大学生充满活力和爱心，责任心也很强。他们的到来能增加孩子们的求知欲，让农村的孩子们体验到与平时大不相同的教学方式和气氛，同时也满足了他们对外部世界的好奇心。因此，大学生支教作为一种爱心公益活动，有存在的意义和必要性。

与此同时，刘老师也向我介绍了他眼中大学生支教存在的问题和不足。首先，据刘老师介绍，支教活动一般是大学生利用周末、五一或者十一长假进行，周期一般为几天，长的不过数周。短时间的支教活动会打乱教师原本的教学计划，使接受支教的班级的进度落后于其他班级，致使任课教师不太愿意让自己的班级去接受支教。此外，刘老师还反映，来进行支教的大学生很多只是接受了很简单的培训，甚至一部分同学从未接受过支教培训。其中有些支教活动的教学方法和内容并没有经过认真思考，对这些孩子没有很强的针对性，容易讲很多超出小学生接受能力范围的知识。因此，刘老师觉得，大学生利用假期进行的支教活动虽然初衷很好，但是因为它的种种弊端，让支教所面向的学校和老师们很是为难。

随后的几天，利用放寒假的机会，我还和家附近就读于这所小学并接受过支教大学生教育的小朋友了解了一些情况。从这些小朋友口中，我了解到，他们普遍觉得这些来支教的大哥哥大姐姐们很友善，平易近人，没有平时老师那种威严的气势。还有小朋友说，支教的哥哥姐姐能带着他们玩，感觉很开心。但当我问起他们还记得从中学到过什么东西，或者还记得那些大哥哥大姐姐说过什么，这些小朋友都是茫然地摇了摇头。

一路访谈下来，感触良多。本来在我们眼里散发着关爱、奉献的光芒的大学生支教活动，在小学学生和老师眼里却变成了"鸡肋"，不得不令人深思。看来，大学生支教活动到了必须改变的时候。应该怎么改变呢？在我看来，首先，要对有支教意愿的学生在支教前进行专门的、系统的培训，避免支教的盲目化；其次，接受支教的学校也应该对此作出规划，并和前来支教的学生就支教方式和内容上进行积极协调，使得支教内容更加系统、连贯；最后，积极鼓励大学生进行长期支教，以克服短期支教带来的种种弊端。

2. 湖北省汉川市汉川三中

汉川市位于湖北省中部偏东，孝感市南隅，汉水下游。东与武汉市东西湖区、蔡甸区毗邻，西连天门市、南挨仙桃市，北与应城市、云梦县、孝感市接壤。在汉川市仅有的三所高中，一中、二中、三中里，汉川三中是唯一一所不在汉川城关的中学。汉川一中是省级重点中学，师资、生源等力量较强。而位于汉川市分水镇的汉川三中则最为偏僻，规模最小，师资力量、硬件设施最薄弱。据我了解，在湖北省，汉川三中是支教的"常客"，三中也是支教活动中很有代表性的学校。因此，我将此次寒假实践的目标确定为汉川三中。

我的父亲正是毕业于汉川三中，2008年汉川三中50年校庆期间，他也曾回到三中。通过他的介绍，我很快地与汉川三中取得了联系。我首先接触到的是一名英语教师——唐三华。他告诉我，他是汉川三中的一名老教师了，在汉川三中教英语已经有三十多年，几乎见证了汉川三中的历史。唐老师说，这几十年来，随着国家的巨大发展和变革，汉川三中的状况不仅没有什么改善，似乎越来越没有了往日的生机。他说，在现在的农村，家庭状况的差异也越发巨大。一些家庭通过经商（在汉川，纺线产业非常发达）致富，还有一些家庭仍贫穷务农。事实上，在一些富有的商人中，也有不少人并没有让子女接受良好教育的观念，反而认为自己多挣些钱留给子女或者让子女跟着自己做生意更加有用。在那些贫穷的家庭中，家长虽然多抱着子女通过高考改变命运的想法，但由于自己对社会发展认识的局限性也令这些家庭的子女不可能专注于中学紧张的学习。

因此，富有而重视子女教育的家庭往往将子女送到位于城关的汉川一中或者省会武汉读书，而贫穷家庭的孩子则更多地进入了汉川三中。

另一方面，唐老师也告诉我，这三十年来，愿意到汉川三中任教的教师质量也越发不理想。在大城市飞速发展的今天，比较好的大学本科乜愿意来这样偏僻的小镇任教。他们宁愿在武汉最不起眼的学校拿低工资也不愿意到分水来。父亲告诉我，2008年三中校庆时联系他的也是一位三中的校友，他从江西职业学院毕业后回到汉川三中任教。

由于支教的大学生大多接触的是低年级的学生，唐老师把我介绍给了主管高一年级的刘老师。

说到大学生支教的经历，刘老师感触很深。

刘老师告诉我，起初，倡导大学生支教的想法很好，让农村的孩子扩大自己的视野，同时也锻炼大学生深入基层、为人民服务的观念。然而，他觉得近几年来，大学生支教有些问题尤其表现出来。

与刘老师的访谈，我事后总结起来如下几点：

（1）支教大学生自身的心态问题

与以往大学生支教的单纯目的不同，刘老师告诉我，如今的大学生支教目的已经大不相同。现在的大学生，有很多带着一定的"任务"来的，来支教是为了完成学校相应的任务。有的大学生是因为学校或院系有要求，被动地去支教。有的则是为了完成学校社工课程实践证明而去学校支教。还有的大学生则是为了完成自己的学业任务和学术研究而去学校任教。甚至有的大学生明确告诉支教学校，自己是为了争取入党才来支教的。

刘老师认为这是现在很多支教问题的根源所在。支教大学生自身动机的不纯很明显导致了他们对于大学生支教认识的不足。首先，他们在执教中对于农村学生抱有明显的同情心态，他们并没有在支教中与同学们平等的交流，而是以一种帮助别人，给予别人的心态去支教。其次，他们对于支教过于有自信，并没有估计到它的困难性，更没有在支教前对于支教对象进行仔细的调查，分析他们的具体需求所在。更有甚者，支教过程中还时有发生"缺勤"现象。支教大学生对于支教重视不够也是非常明显的问题。

正是基于以上原因，大学生老师的"教学经验""教学能力"极度不足，使得他们在支教时不能调动同学们积极性，无法保证支教效果。

（2）大学生的行为和语言的一些不良影响

刘老师继续说，由于生活环境的巨大差异，来支教的大学生的一些言行与本地学生有些格格不入。

行为上，不少大学生穿着过于时尚，这对于农村的学生来说绝不是好的影响，甚至在大学生们走之后，这种影响蔓延到学生中产生穿着方面的攀比之风。也有不少大学情侣结伴前来支教，他们的一些亲昵举动在同学们眼中更是显得突兀。

刘老师说，同学们对大学生本是比较崇拜的。他们会对大学生志愿者的穿着、行为进行模仿，甚至可能因此加重家庭的经济负担。

另外，大学生支教经常迟到的现象更对同学们产生了极其恶劣的影响，刘老师说，去年几个大学生来过之后，他们迟到的表现甚至成了日后同学们上学迟到的借口。

由于大学生在支教时心态并没有调整的太好，他们的一些无意中的言语也伤害到了农村的学生。

刘老师说，这一点最令他心痛。他拿出一本以前学生的周记，告诉我，这是去年暑假一些大学生来汉川三中支教之后，一位同学写下的感受，我摘录在下面：

"大学生老师拐着弯骂我们穷，他说'我从来没有见过这么穷，这么恶劣的环境！'穷和富有什么区别？一个人就算再穷，只要他懂礼貌，心里充满善良，就是一个富人；相反富人如果不懂礼貌，他拥有的一切都没有意义，因为别人不尊重他。

虽然大学生告诉我们一些课本之外的知识，但是我觉得他一点儿也看不起我们，他甚至说我们为什么要在这种地方上学。有个同学说这儿教得好，他甚至说比这教得好的地方多着呢！

我非常难过！大学生更应该知道懂礼貌，而这个大学生他只会讽刺别人，嘲笑别人。"

（3）大学生支教对学校的影响

除了以上两点大学生支教对于农村学生的不良影响。刘老师还告诉我，大学生支教对于学校的影响也很大。

一方面，大学生支教容易扰乱学校正常的教学秩序。他说，大学生支教的课堂一般比较活跃，有一次课堂上学生的嬉笑打扰到了隔壁教室，令隔壁的老师和同学们非常生气。

另一方面，大学生支教的时间也没有规律性，很容易打乱班级老师制订的正常教学计划，对整个学年的教学有不利影响。

此外，支教大学生纷纷涌入也大大加重了学校的管理负担。尤其是大学生支教的不确定性，流动性，甚至是缺席等现象的发生也使学校苦不堪言。

总之，经过在汉川三中的调研，我的感受是，只有努力解决现在支教大学生中存在的不良问题，才能让大学生支教回到它本应定的道路上，实现它本身的积极意义。

3. 安徽省灵璧县向阳小学

为了确定合适的访谈对象，我首先到灵璧县教育局咨询了本县的接受支教的情况，得知向阳小学从 2003 年开始每年都有接受支教的活动，是本县接受支教较多且较有代表性的一所学校，能够较好地反映出灵璧县农村学校接受支教的普遍状况。因此我把访谈对象锁定在这所小学。

经由在向阳乡工作的亲戚的介绍，我比较顺利地联系到了向阳小学的教导主任徐强老师。经徐老师介绍，向阳小学共有在编教师 9 人，编外教师 17 人，老师大都来自专科类的师范院校，师资相对较为贫乏。并且由于合同制的编外教师占多数，本来就不是很充裕的教师资源显得更加不稳定。可能正是由于这些原因，县教育局分配支教时对学校会有所倾斜，学校也会积极配合接受支教队伍。问及支教大学生的情况时，徐老师介绍，他们大多来自省内的师范类院校，如安徽师范大学、阜阳师范学院等，以大三、大四学生为主，支教周期一般为一个星期。在支教期间，他们每人多是固定带一个班的一门课，学校也允许大学生也自己选课程在课堂上教。

谈到接受支教的收获，徐老师先是表示，支教大学生都不错，"能来我们这个穷地方教书首先就得感谢人家"，在支教过程中，他们确实尽心尽力，能负起责任，与学校老师相处得也挺好。在他们的课堂上能够体会到一种"新的教学风格和思路"，有利于促进学校老师教学水平的提高。不过，徐老师也承认，现在看来，送走了一批又一批支教大学生，支教带来的实际效果还很不明显。首要的原因就是支教时间太短，一般只有一个星期，时间稍长一点的也不过十天左右，指望短时间里能给孩子们带来多少改变很不现实。而所谓的培养思维，对于认知能力有限的小学生来说，也不是随随便便就能做到的，所以支教的效果主要还是看能教多少知识，可那么短的时间里所能教授的知识十分有限，因而支教的初衷很难达到。同时，对于习惯了不苟言笑的"老先生"上课模式的孩子们来说，支教大学生那种过于轻松、活泼的课堂模式短时间内还是难以适应，感觉就是孩子们开心了一节课然后什么都没学到。因为突然变成了一种截然不同的模式之后，孩子们要花时间去适应，在这个适应期内他们把注意力更多地放在了新的教学手段本身，而非知识的传授，这就本末倒置，等于在支教期间学的反而更少了。

接下来徐老师给我介绍了另一位邹姓老师，最近两年的支教大学生都是在邹老师的班上课，他对支教大学生也有一些自己的看法。邹老师表示，大学生毕竟还是学生，虽然学历比这里的老师高，但论教学经验还是差了很多，加上对这里孩子们的实际情况不了解，总是想当然地去教，结果教一些"没用的知识"，说到底是没有因材施教。他举了一个例子，有个大学生教《奇妙的汉字》这篇课文，这一课本来是以识字为主的，这个学生却延伸讲了很多其他文字的起源，而没有教课文中的生字，孩子们根本不喜欢听，还什么都没学会。邹老师说，孩子们现在最需要的是学好书本上的东西，为上中学打好基础，毕竟对于农村孩子来说，读书是改变命运的唯一出路，那些华丽的知识离孩子们太远，不是他们需要的。他还表示，其实不太乐意让自己的班去接受支教，因为本来可以好好地按照教学计划上课，大学生一来就给打乱了。有的学生上课会带上电脑，用上多媒体手段，这些学校都没有，结果他们一走，教室又恢复了老样子，"孩子们心理落差很大"。虽然是无意的，却的确带来了问题。

最后，徐老师也表示，虽然大学生支教存在这些问题，但农村的教育还是需要大学生们的帮助，只要问题能够解决一部分，支教终究还是利大于弊。

的确，支教的出发点无疑是好的，现在就是如何去充分发挥好的一面。大学生们首先应该做到的，就是真心想着去给农村的孩子们做些事情，而不是纯粹为了给自己的简历增色，这样才能保证全心全意地做好支教工作。其次就是完善支教模式，尽可能减少短期支教，实在无法进行长期支教，可以增加对同一所学校短期支教的次数，做到长期跟进，不至于"来也匆匆，去也匆匆"。再者，支教大学生要尽可能做到因材施教，了解孩子们真正需要什么，习惯怎样的课堂，明确自己应该怎么教，这一点可以由当地的老师来协助。传授的知识尽可能以实用为主，保证教的知识有生命力，教给他以后，他能听懂并运用，还能教给别人让别人也懂，这样可以将短期支教的成果最大化。再一点就是支教时尽量与孩子们保持一致，吃的用的不要显得太有差异，试着去贴近他们，消除心理上的隔阂。

支教，从某种意义上说算是教育资源分配不公平的一种弥补。一个国家的教育水平，越来越关系到经济的发展和社会的稳定。可以想象，完善支教事业，必将具有愈发重大的社会意义。

4. 云南省腾冲县永安中学

胡雪丹是清华大学外文系的一名普通的大二学生。怀揣着青年人的满腔热血，她在大一的暑假报名了"书脊计划"，由此踏上了去云南省腾冲县永安中学为期一周的短期支教之旅。在去云南之前，她对于这一次的支教旅途有过许多美好的想象，她期待着自己的一份努力能够为山区的孩子们带来一缕希望。可是，在她结束支教活动回到清华之后，她却对支教这一活动有了新的认识。我对她进行了一段时间的访谈后，将我们的谈话以第一人称的形式记录整理如下：

（1）关于经历

云南省腾冲县永安镇是一个普通的贫困山区小镇。我们支教所在的永安中学是一所初中，环境比我们想象得好：虽然教室里的桌椅比较陈旧，但拥有一定数量的捐赠的多媒体设备，还有操场。每个班有六七十名学生，大多是当地普通农民的子女，或者外出务工人员的孩子，家里经济条件都不是很好，而且普通话水平也不是太好，很多时候我们听不太懂他们在说什么。

我们去的时候正值暑假，学校里都是还在补课的初三学生。为了让我们支教，学校特意延长了一个星期的补课时间，让我们有充分的机会和孩子们接触。我们一行来自清华大学的各个院系，共 12 个人，被分为两人一组，轮流着给各个班级教授物理、化学、数学、英语等行前已经准备过的课程。下午课程结束之后，我们也会带着孩子们一起做一些课外活动。孩子们对于课外活动的反响都非常热烈，许多女孩子唱歌跳舞，尽情展现自己的才艺，我们也在这些活动中与孩子们有了互相了解的机会。

（2）关于支教的意义

我在去到云南之前是真的非常希望能够将自己这么多年来所学到的知识一股脑地倒给那群孩子们。但是去了之后，我才发现，一个星期的时间根本传授不了什么知识。在我们的队员之中，大部分同学都毫无教学经验，虽然我们的学历比起当地的教师来说相对高一些，但是在教学这方面我们几乎毫无所知。在刚到那里的时候，我们甚至缺乏基本的课堂组织能力，但是当我们开始建立相关的经验时又已到了说再见的时候。

但是这并不代表着我们的支教就完全没有意义。我觉得我们去的目标更多来说是给那些山区的孩子们带去一些希望、一点梦想、一个目标，并且通过一些不同于平时的教学方式唤起他们对学习的兴趣。比如有一个孩子在我们临走的时候，对着一个航院的男生说，他的梦想是将来要到北京找我们，要到清华大学找我们，他也要成为一个对祖国航天事业有所贡献的男子汉。通过我们的支教给了他们一些希望和目标，让他们知道在遥远的北京也有一群人在关心他们、支持他们。再比如说在我刚到永安中学时，我问班里的孩子们喜不喜欢英语。他们众口一词："不喜欢！"当时弄得我着实尴尬。经过接触我才发现，他们在小学的时候从来没有接触过英语，而上初中之后学校却要求他们跟着正常的初中英语教材学习，导致他们完全跟不上学习进度，甚至产生了厌恶英语的想法。了解了这个之后，我尝试着用一些新颖活泼的课堂形式吸引他们参与到课堂中来，看到孩子们一天比一天踊跃起来，我真的觉得很安慰。

总体来说，我觉得像我所参加的这样的短期支教活动对于支教大学生的意义有时可能比对当地孩子还要大。尤其对于我们这样从小娇生惯养的城市青年来说，去到真正的农村，见到这样一群有着求知欲望却缺乏学习途径的孩子，让我感触良多。而且通过这次支教活动，我也锻炼了自己的沟通能力，甚至还学会了一些教学的技巧，收获颇丰。但是同时，我又觉得我们这样的活动对于当地的孩子们来说或许并不一定是一件好事，我们打乱了他们正常的学习进程，让他们短时间内适应我们的存在又突然的离去，这样的经历对于他们来说我真的不知道是利更多一些还是弊更多。相对来说我还是更为支持长时间的，例如半年到一年的长期支教，这样或许能在乐趣之外给孩子们带来更多有实用价值的知识。

三、总结

1. 大学生支教中存在的问题

（1）大学生支教目的不纯

现在的大学生在愈来愈多的社会压力下，常常因为各种原因而"被迫"支教。有的为了完成学校或院系的任务，有的为了完成学校的社会实践，有的为了进行自己的学术研究，有的为了给自己的简历增添一分色彩，有的甚至只是为了到当地散散心。这样的目的不纯的支教致使许多大学生并没有对支教活动引起足够的重视，更别提在提前进行充分的备课了，这或许是导致目前大学生支教活动效果大不如前的一个重要原因。

（2）大学生教学内容缺乏实用性

虽然前往贫困地区支教的大学生大多为高等院校学生，其中不乏清华北大的高才生，但是毕竟距离他们上小学、初中的时间已久，对于现在正在接受基础教育的孩子们到底需要学些什么缺乏了解，在来到支教学校之后，他们也往往只是根据自己的想象进行教授课程的设计，所传授的东西与孩子们在日常生活中学习的内容无法很好地接轨，甚至并不实用。这对于学习时间宝贵的孩子们来说，不仅打乱了他们日常的学习计划，还浪费了他们的宝贵时间，并且在支教学生走后还需要很长一段时间来恢复到正常的学习生活之中。这使得许多学校老师并不乐意让支教大学生来自己的班级进行活动。大学生们的一片好心有时可能反而办了坏事。

（3）大学生自身态度不正

虽然说很多大学生抱着帮助山区孩子的目的来到支教学校，但是这些大学生毕竟大多数常年生活在大城市里，无论是衣着上还是生活习惯上可能都透露出一种优越性。山村里的贫困孩子心理上有时比一般的孩子更为敏感，大学生们的一些无意识的举动可能会被这些孩子们理解为嘲讽和高傲。这样的心理感受使得这群孩子更为自卑，不利于他们的发展。

（4）大学生支教时间过短

在目前存在的大学生支教项目中，大多以短期（一周或十天）为主。大学生们到支教学校之后需要一段时间适应当地的教学设备、学生的知识基础以及周围的生活环境，当地的学生们也需要一段时间去适应来自大城市的学生们的教学方式、教学内容甚至性格特点。然而由于支教时间太短，往往在大学生与当地的孩子们刚刚互相熟悉互相适应的时候，这群支教的学生们就得要离开了。当地的孩子们不仅没有在支教过程中学到什么实用性的知识，甚至在事后还需要花一定的时间消解离别的惆怅。目前支教项目实践过短的问题不仅大大减少了支教项目的实际意义，还增添了许多支教项目带来的副作用。

2.大学生支教的意义

（1）对大学生自身的锻炼

大多数参加过大学生短期支教活动的同学在归来之后都反映有较大收获。对于这些许多可能从来没有在乡村生活的大学生来说，能够到贫困山村支教，无疑是弥足珍贵的经历，对于大学生自身也是很大的激励。除此之外，大多数为独生子女的我们，通过支教活动与形形色色的人相互合作、相互学习，无疑是一种很难得的锻炼。

（2）为支教孩子开阔视野

在我们的采访过程中，我们发现绝大多数支教学校的学生都非常欢迎支教大学生的到来。对于他们而言，这群大城市里来的高材生们为他们带来了新颖的教学方式、高科技的教学设备，向他们描述了许多从未见过的景象，给他们讲述了许多从未听说的故事。这一切的一切都是如此的新奇而有趣，让他们对城市有了许多畅想，对未来有了更多希望。大学生的到来告诉他们，在遥远的城市里有许多哥哥姐姐在关心和支持着他们。在一定程度上也确实能够激发孩子们的学习兴趣与欲望，树立远大目标。

3.大学生支教改进方法

对于现在的许多支教项目而言，负责人往往以凑齐人数为目标而忽略了支教学生的质量。许多参加支教项目的大学生并没有经过严格的选拔，并且在行前也没有受过系统而有效的培训，致使到达支教学校后出现教学内容与学校要求不符等问题。我们希望在之后的支教项目中，能够把支教大学生的培训放在一个更为重要的地位，可以让之前去支教过的同学传授经验，也可以让将要去支教的同学事先与支教学校进行沟通交流共同商定教学内容，通过各种形式的培训让支教的内容更具有实用性。

竞赛取消保送是埋没人才还是培养人才

——对某师大附中师生及家长的调查

陈　思　董承昊

作为某师大附中的学生，同时也作为高考和竞赛保送的经历者，毫无疑问，当竞赛加分保送政策的更改消息传来，我们非常惊讶，有不满同时也有理解。正如温总理曾经说过的，教育是一个民族的希望，国家的每一项关于教育的政策的出台，必然是秉承着教育为本，维持社会公平，培养社会需要的人才的出发点。但是，取消竞赛保送，更改加分政策是否能够真正顺应人才培养的需要，我们不得而知。因此，藉母校回访之际，我们对师大附中的学生、老师以及家长进行调查，希望能够带来更深的思考和理解。

一、背景介绍

1. 政策背景

近两年来，高考加分乱象丛生，备受诟病，教育部在《国家中长期教育改革和发展规划纲要（2010—2020年)》中明确提出要"清理并规范升学加分政策"，规定：高中阶段学科奥林匹克竞赛获奖者从2011级起将不再享有保送资格，获国家级决赛一、二、三等奖的考生由各省决定是否给其不大于20分的奖励性加分。一石激起千层浪，这项规定的出台，对那些崇尚"应赛教育"乃至于"嗜赛如命"的中学无疑是兜头泼了一盆凉水，同时使得真正爱好竞赛同学为了自己的将来发展不得不慎重考虑甚至于放弃竞赛。毫无疑问，就这项政策的目的而言，清理并规范升学加分制度的目的是良好的，但是它能不能起到应有的效果，以及众多学子、家长乃至于学校会有怎样的反应，需要我们对这项政策的合理性更加仔细思考。

2. 师大附中简介

师大附中已有上百年历史，文化底蕴丰厚，办学成就显著，其突出特色便在于积极投入到中学生奥林匹克竞赛的教学与组织中，数十名学生参加国际奥林匹克竞赛，金牌总数稳居全国第一。学校开办的理科实验班，每年从全省各地招生九十余名，班内超过一半的学生能进入中国排名前十的学校，二十余名学生能通过竞赛保送清华北大，毫无疑问，这次新的竞赛保送政策的出台，将师大附中的竞赛之路置于水深火热之中。

二、关于竞赛与取消保送的调查

1. 学生角度

为了尽量减小所调查的学生样本的系统误差，我们将参与调查的师大附中 10 级学生分成了理科实验班组（参与或曾经参与竞赛）和非理科实验班组（不参与竞赛），并分开进行讨论。我们一共选取了 91 名理科实验班的学生和 134 名普通班级的学生，现将部分调查结果展示如下：

表 1　学生调查结果

学生态度	理科实验班	非理科实验班
竞赛保送有利于激励人才培养	73%	30%
竞赛保送不利于教育公平	17%	41%
取消加分可以推动推动教育公平	14%	53%
获得加分或者保送的学生都是一分汗水一分收获	78%	69%
竞赛是有利于人才的培养	81%	71%

从回收的学生调查问卷来看，我们可以看到几个大的共识与分歧。

共识：

（1）通过竞赛获得加分或者保送的学生都是一分汗水一分收获。

（2）竞赛有利于人才的培养。

分歧：

（1）竞赛保送有利于激励人才培养。

（2）竞赛保送不利于教育公平。

（3）取消保送可以推动竞赛公平。

为了更加深刻地理解这样的分歧，我们分别找了理科实验班的学生和非理科实验班的学生进行了采访，并且发现，双方对于该问题有不同的见解。

关于竞赛保送是否有利于人才培养，理科实验班的学生认为，竞赛保送的积极激励作用并不仅在于好的竞赛成绩能够使学生获得高考加分或者一流大学的入学资格，更多的是在于学生在专心投入竞赛的过程中不过多的考虑参与竞赛付出的代价以及对自己未来发展的阻碍，使得学生能够用更加积极的心态来钻研自己本身就比较喜欢的学科，从而更好地推动了某一学科的专才培养。而非理科实验班的学生则认为，竞赛保送的存在给学生参加竞赛的动机造成了一定的扭曲。一些对某些学科并没有兴趣的学生为了高考加分，选择参与竞赛，加重学生的学业负担，也是应试教育的充分体现，是人才培养过程中最不可取的。

而在于竞赛保送与教育公平上，理科实验班的学生和非理科实验班的学生产生了更大的分歧。理科实验班的学生认为，首先必须承认获得竞赛保送或保送的学生都是付出了自己辛勤的努力和汗水，这对任何人都是公平的，不能因为参与竞赛的学生可以通过自己的努力来获得加分乃至保送就说颠覆了教育公平。另外，在教育上我们应该讲究因材施教，并不是每个人进入大学的方法都必须一样，自己有足够的闪光点让大学录取你，这样无可厚非。并且取消竞赛保送的话，也就阻断了有特长的学生通过其他的道路走进自己理想的学堂的道路，这对这样的学生未必不是一种不公平。非理科实验班的学生则认为，竞赛这样一条路存在的未知因素太多，其规范性也远不如高考那样严密，更容易产生投机倒把的行为，有的学生仅仅只是凭借家庭的背景获得加分，这显然是不公平的。另外对于那些本身就不是爱好这一门学科而只是简单地把竞赛作为高考敲门砖的人，这不仅对人才培养毫无益处，他们通过更低的门槛进入别的专业领域，这对其他的学生同样也是一种不公平，也完全不能体现竞赛对于人才培养的激励。针对种种的不公平，取消竞赛无疑从根本上解决了这个问题，推动了教育公平的发展。

综上所述，从学生的观点中我们得知了竞赛保送的双面性：一方面为追求自身兴趣的学生提供了保障与鼓励，另一方面也有可能扭曲了学生学习目的；一方面体现了因材施教、多方向成才的培养方向，另一方面也为灰色竞争的存在提供了契机。同样，在我们和老师的交谈中，竞赛保送的双面性也得到了很大的体现。

2. 教师角度

因为条件所限，我们并没有对老师进行抽样调查，只是选择了几位老师就竞赛以及竞赛保送进行了采访，其中包括了竞赛教练以及普通老师。

一位从事高中物理竞赛教学工作的老师认为，高中竞赛确实对有能力和学有余力的学生提供了展示自己的舞台，通过竞赛课程的学习他们也的确收获颇多。一方面拓宽了自己的知识和思维，增强了他们的能力，这一点是相当难得的。人的天分各有差异，我们不能对所有的学生都用同一个标准要求，而竞赛，恰恰就给这样的同学提供了按照自己的兴趣与资质进行拓宽的机会。另一方面，一旦获奖就能解决他们上大学而且是一流大学的问题。即使没有获奖，在竞赛学习过程中的磨炼和由此锻炼的能力也足以让他们应付之后的学习甚至是工作。当然，这些都必须建立在公平与公正的条件下。但是灰色竞争毕竟是少数现象，对于这样的现象，我们所应该做的，不应该是为了少数的不和谐选择取消原有的政策，而是应该着力管理这样的不良现象，毕竟大多数学生还是在竞赛中受益的。况且，在每年的竞赛现场都看到名牌大学争先恐后和这些学生签约，如果是真的弊大于利的话，各个大学早就对竞赛保送失去兴趣了，又何来保送之风愈演愈烈的形式。

另外一位曾经是竞赛教练现在从事普通高中教学的老师也说出了自己的担忧。因为竞赛保送的诱惑确实很大，所以说，有很多学生把自己的机会赌在了这样一条路上，不少学生也因此放弃了高中很多其他科目的学习。毕业时很多非竞赛学科的知识并不如普通毕业生。他认为高中生涯中学生应该学习的是和思维形成以及个人素质息息相关的知识，为了竞赛保送或者加分而放弃这些知识实在是有点得不偿失。虽并不是说通过竞赛保送的学生进入大学之后就不再优秀，但是他们的思维方式可能会缺少一种多样化的形式，因为太早就被一两种科目给禁锢住了。所以说取消竞赛保送会鼓励同学们在完成高中学习任务、提高自身修养之余，再进行自己兴趣的拓展，这才是最理想的。当然，取消竞赛保送可能导致学生因为各种各样的原因而放弃竞赛，其中不乏优秀者，这对大学来说，将是一笔不小的损失。

老师站在教书育人的角度给我们分析了，竞赛保送确实激励了同学们对于自己知识的拓展延伸，也使得大学有更多的机会来招收优秀学生，同时竞赛保送在激励人发展中的负外部性也是不容忽视的。其不仅仅体现在某些对竞赛并不感兴趣的人为了加分或者保送而选择竞赛，也会使得对竞赛有兴趣的学生忽略了一些高中本应该掌握的基础知识。甚至还有学校老师支持这样的行为以维护学校的荣誉，这是相当不可取的。因此，即使取消保送或者加分制度有弊端，也确实可以挽救一部分学生的基础教育，让他们用更加广阔的视野来看待这个世界。不过，如果有既能够留住竞赛保送的好处，又能减弱其对教育不利的方法，那便更加可行了。

3. 家长看法

在我们对家长的采访过程中，还发现了关于竞赛保送的一些新的问题。当然，就竞赛保送而言，这往往是家长比较希望的，因为孩子还有另外一条道路可以进入梦想中的学校。但是，从与家长的交流中我们了解到，实验班有相当一部分学生是从外地来到省城的重点高中就读。竞赛作为一个对教学资源要求更高的地方，家长在竞赛加分和保送的激励下，更加积极地把自己的孩子送到教育资源相对集中的省城，以求得到更好的教育，能够在竞赛中获得更高的分数。同样，对于基层学校中部分个人水平较高的老师，也通过培养出保送至一流大学的学生从而来到省城重点中学教学。从基层来到省城的老师和学生都是基层学校中的佼佼者，这无疑阻碍了基层教育资源的积累，使得教育水平的均衡发展更加举步维艰。优秀学生的离开使得基层学校教育的整体氛围有所下降，而优秀教师的离开更是学校的一大损失。

从离开家乡的优秀学生来看，这样的转移对个体来说并没有造成很大的影响，但是就地区教育这个整体而言，因为有竞赛保送的激励，加速了优秀人员的流失，这是对地区教育发展不均衡的现状的加剧，同时对因经济能力有限没来到省城的当地学生来说也是一种不公平。

我们只是采访到了孩子已经来到省城或许正在准备通过竞赛加分或保送的学生的家长，当然，就家长个人而言取消这样的政策是他们所不希望的，但是，从整个教育的发展上看，竞赛加分与保送确实加剧了地区发展不平衡的趋势。

三、笔者看法

1. 陈思的观点

作为一个参加过竞赛并通过竞赛保送的学生，我不得不承认，竞赛的过程确实对于我自己来说是一个自我提高的过程。它教会人思考，教会人学习，教会人面对困难的时候要拥有坚忍不拔的意志。但是我也承认，如果当初我准备参加竞赛的时候没有加分和保送政策，我可能就不会走上这一条道路。因为这一条路的风险太大，让人没有勇气拿自己的未来冒险。所以说，竞赛的加分政策也确实是激励我一直走下去的因素之一。但我身边也确实有人志不在此，仅仅只是需要一个加分而已。这样的行为我只能说我不赞成。两年的竞赛准备生涯也确实让我的高中知识显得不那么扎实，或许这便是选择了保送的代价。但是这样的代价是可以弥补的，需要的是自己的认真与毅力。说到竞赛中的灰色地带，我只能说，这样的事情往往没有办法避免，没有绝对光明的角落，比这更不光明的加分政策还有很多，而取消这样的竞赛保送政策，不过是把竞赛的好与坏一起连根斩断。这并不是我们在培养人才的时候所希望的，或许还有很多其他的东西需要我们去做。

2. 董承昊的观点

作为一个参与过竞赛、拿到自主招生降分资格，最终通过高考洗礼的学生，我深深感受到竞赛对我影响巨大。理科实验班高一自然是要选择一门学科，出于兴趣我选择了物理，凭着一股不服输的劲儿和对物理解题过程清清楚楚的喜爱，我一直学而不倦。高二分到高考班便没有参与竞赛训练。但就是之前的钻研，抓住了解物理难题的思路，增强了信心，数学能力也得到了锻炼。在高二暑假清华大学暑期夏令营的考试中，在五校自主招生考试中，在高三的历次月考还有最后的高考，物理一直都是我的强项。在我看来，竞赛训练对于学生来说肯定是有帮助的，但是必须承认的是，它是一个属于一小部分人的世界。取消竞赛保送，一定程度上肯定会减少各个学校对竞赛训练的投入，接受到竞赛训练的学生便会减少，这很可惜。而真正出于个人兴趣钻研竞赛的人更是凤毛麟角。至于竞赛所遭到的批评，我认为都不是其本身的问题，应该想办法解决而不是取消。当然，仅仅取消竞赛保送而没取消加分，这一点还仍颇受关注。

调查的最后，我们也不能够得到一个绝对的结论。竞赛取消保送，是埋没人才还是培养人才，这个问题需要在今后的实践中才能得到证实。但从另外一个方面上来说，每一个人都是独一无二的，我们又有什么权利决定这一代孩子将成为政策实践的试验品呢？我们在实行政策的时候，需要更多的思考与权衡。教育是民族的未来。

后新规时代

——中国三地中小学校车情况联合调研

郭　萌　龚　耘　岳媛媛

一、选题背景和意义

目前，广大中小学生的交通安全隐患问题已经从单一的道路交通安全管理问题，逐步发展为牵涉家庭幸福、社会稳定的一个重大问题。仅2011年，中国内地相继发生了6起校车安全事故，最严重时，事故遇难人数高达20人。不可否认，任何事物都存在着两面性：一方面，校车的出现，为孩子们的上学、放学提供了极大的便利；但另一方面，校车交通安全事故的不断增多也暴露了校车安全管理工作中由于监管缺失、资金匮乏导致的诸多为题。

2011年12月11日，为了加强校车安全管理，保障乘车幼儿、学生的人身安全，国务院法制办公室会同有关部门针对保障校车安全的主要环节，总结一些地方加强校车安全管理的有效做法研究起草了《校车安全条例(草案征求意见稿)》，并将草案及其说明全文公布，征求社会各界意见。草案的出台引发了校方、校车运营方和学生家长的激烈讨论。针对校车运营成本、校车车辆安全、校车司机考核和学校的责任权限，多方均提出了不同的观点。另外，各地区的不同地方特点也使得难以确定一个统一的行之有效的安全管理条例。

在了解上述争端后，我们小组三人决定在寒假期间回到家乡，调查当地的校车使用和运营情况。我们所选择的三座城市：上海、大连、长治，在中国各省市之间具有一定的代表性。并且，我们通过访谈的形式，深入了解了校方和学生家长对于安全管理条例中的热点问题的看法，从而对校车安全管理问题产生的根源及其解决方法有了更深刻的认识。在此基础上，我们撰写了中国三地校车情况联合调研报告，力求为校车安全管理条例的修订提供一定的事实依据。

二、城市概况与需求

表1　城市概况

上海	中国第一大城市，四大直辖市之一，中国国家中心城市，中国经济，科技，工业，金融，贸易，会展和航运中心。
大连	大连位于中国东北辽东半岛最南端，西北濒临渤海，东南面向黄海，是东北亚重要的国际航运中心、国际物流中心、区域性金融中心。大连是中国的副省级城市，辽宁省内第二大城市。
长治	长治属于山西省，与河北、河南两省为邻。为太行山、太岳山所环绕，构成高原地形，通称"沁潞高原"，又称"上党盆地"。长治市是国家园林城市、国家卫生城市，全国文明城市。曾当选2004年度中国十大魅力城市。

通过对三座城市面积与人口的对比，我们可以看到，所选择的三个城市基本符合我国大中小型城市的规模要求，具有一定的代表性。其中，上海以较小的土地面积供养了两千余万人口，在城市生存和交通上都存在着非常大的压力。在高速发展的经济指标下，这种压力势必会影响着当地学校的服务经营和责任意识。形成对比的是，海滨城市大连生活节奏适中，公共交通系统建设合理。然而，市区与郊区学校的办学条件差别较大，如何满足市中心较远的学校接送学生的需求也存在着一定的困难。作为一个小城市，长治市的生活节奏舒缓，学生上学基本倾向于个人出行，交通安全比较有保证。但由于人口少，经济相对落后，对有这样需求的学校而言他们又面临着什么样的问题。这些都是我们将要调查分析的问题。

表2 校车需求分析概述及学校概况

	需求分析	所选学校概况
上海	上海市共有 755 所中学和 766 所小学，在用校车 2200 多辆。道路基本为柏油路。 上海市中小学生对于校车的需求是很大的。上海市中小学主要分为民办和公办两种。原则上学生就近入学，但由于小学教育的竞争日趋激烈，许多家长更愿意让孩子去一所重点小学就读，这样就有很大一部分学生需要远距离甚至跨区上学。上海家庭大多是三口之家，父母大都双双工作，这样，孩子的接送问题就尤为突出。上海公交早高峰的拥堵让更多的家长选择了用自驾车或让孩子乘坐校车的形式保证学生上下学的安全。一些家长会特地选择有校车的重点学校让孩子入学。	上海外国语大学附属双语学校—小学部作为调查对象。该学校为私立小学，学费较贵。目前有小学生 500 人，中小学部教师共 105 人。它地处上海市内外环交界，离市中心有一定距离。为重点小学，其初中部作为上海市中考成绩最好的学校吸引了许多家长不顾路途遥远，将孩子送来就读。学校安排校车 6 辆，经营时间在十年左右。综合分析，其地理位置，学校硬件质量，学校知名度都具有相当的典型性。所以选取该校，采访了专门负责校车的王老师，和一些学生及学生家长。
大连	大连的公共交通非常发达。市内有公交线路百余条，其中有全国仅存的有轨电车线路 2 条。 由于公交线路较为完善，目前大连市区内部采用校车的中小学较少。由于市区内重点中小学的分布较为平均，学生大多就近上学即可获得较好的教育水平。较偏远地区的中小学大多采用寄宿制，没有很强的校车需求。再偏远地区（如金州、瓦房店、普兰店、庄河等）的学校由于中小学数量较少，大多数学生有较强的校车需求。	大连 24 中（正式建校为 1958 年 9 月）大连 24 中坐落于市中心的劳动公园内部，高度绿化。所在青泥洼桥地区有大连第一大购物商场、火车站等，是大连市的交通要道和人流聚集地。目前，大连 24 中共有教学班 34 个，学生 1500 余名。 特殊的地理位置决定了大连 24 中没有采用普遍的寄宿制。为了保证学生上下学的行车需求，大连 24 中在家长委员会的组织下，开辟了 10 条校车线路。
长治	长治市区面积相对较小，大多数学校都不提供校车服务，学生上学方式以家长接送，步行或骑单车为主。在学生较多或地理位置偏远的地区，有少量的黑校车接送学生的现象，但经常遭到有关部门的管理查处。总体而言，地区内的中小学校对校车的需求并不是很高。	本次调查选择的山西省长治学院附属太行中学是山西省教育厅直属的首批重点中学，相对于市区内的其他中小学校而言，太行中学地处距离市区比较远的位置，加上学校之前配备有供校内人员使用的车辆，为了增加学校竞争力，学校为成绩优秀而家庭条件有限的学生提供了免费乘坐校车的服务。

三、校车硬件设施及路线

1. 硬件设施

（1）上海

据该校校车负责人介绍，学校从创办之初就设立校车，方便同学上下学。学校的校车都是从上海巴士汽车租赁有限公司租来的。据资料显示，上海巴士汽车租赁有限公司是领先的汽车租赁品牌，拥有2600多台车辆，下属4家分公司，2家直属车队，12家个人业务门店，2家修理厂，属于上海主流的汽车租赁公司。具体车型如图1和图2所示：

图1 专门老师负责保护学生下车

该负责人表示，该学校一直强调硬件设施质量和学生安全，所以在管理部门统一规定校车车辆要求之前，就已经为每位学生安排座位，配备安全带了。

（2）大连

车辆类型为大连五菱校车（大中型客车），没有配备标准的校车。

（3）长治

学校共有三辆校车，包括两辆大型客车和一辆中型客车（见图3），分别在两条线路上运行。车辆自2005年开始运行，一直使用至今。校车的运营时间为：早上6点左右出发，7点之前需要将所有同学按时接到学校，晚上分别在 9 点和 10 点左右将低年级和高年级的同学送回。

图 2　玻璃右下角为政府发放的校车证

图 3　太行中学校车

2. 路线选择

（1）上海

共 6 条校车线路，线路安排主要考虑的因素是根据申请校车接送的学生的家庭住址情况来确定的。

（2）大连

行车路线共十条，包括：

一线：学校——劳动保险——太原街——乐购——化物所——医科大——黑石礁——杨树沟——百合山庄

三线：学校——体育场——玉华广场——南沙——台山——净水——亿达——学清园——理工东门

四线：学校——政府后身——中山公园——公园南门——万岁街——家乐福——民涌——泉涌——辽师——兰玉街——马栏广场——农贸市场——红旗镇——亲亲家园——西山水库

五线：学校——东关街——西站——联合路——香炉礁——车家村——中心医院——沙区法院——新生桥——锦绣——超市——南山——引路终点——机场——迎客路——迎客广场

七线：学校——工人村——促进路——迎客路——周水子——泡崖子十一、四、五、六、七、八区

这些线路基本涵盖了从学校所在的市中心到大连各方向城乡结合部的范围。

（3）长治

学校一共选择了两条路线，分别为沿市区东面的延安路到淮海厂惠丰厂、沿市区西面大庆路到长治一中和第二人民医院。这两条线路分别位于东市区和西市区的中心位置，将两个地区合理地分为两个部分，尽量为学生提供距离家里比较近的上车点，同时考虑了在校车运营时间段车流量较少，绕开了车流量较大的市中心，从而一定程度上保证了交通安全。

通过对三个城市校车的硬件配备和路线选择上我们可以看到，目前不论是在什么规模的城市中，基本没有符合新标准的校车类型。车辆的来源主要为从租赁公司租借和挪用学校现有的车辆，大多数学校都选择了普通大中型客车。尽管从安全方面考虑，学校都在自己力所能及的范围内采取了一些措施，但显然与新标准还相去甚远。如果强制按照新标准执行，势必面临着执行上和资金上的问题。另外，在选择校车路线时，被调查学校均以学生家庭住址为基准自行制定校车路线，并未向有关部门报批。综上，校车硬件配备和路线选择上的安全主要由学校自己负责，缺少政府部

门的监管，也没有和学生及家长做到有效的沟通。

3. 校车运营

（1）校车的两种运营形式：租赁与购买

现在学校运营的校车主要有两种途径——租赁、购买。若采用租赁的方法，学校则可以免去车辆的维护、检查，以及安全事故的责任。司机和车辆都有专业公司统一管理，可以大大方便学校的管理，但同时需要承担的费用也不少。若自行购车，那么非上下课时段车辆的闲置，自行维修、检修，及一切安全责任都需要学校承担。

此次调查中，大连和上海的学校是采用租赁形式，而长治的太行中学是自购的校车。

上海：上外双语的校车是租赁的，所以一切车辆的季检、年审、维修、燃料，以及驾驶员都有巴士公司提供。且若发生交通事故，责任完全归乙方，即巴士公司承担。

大连：校车由校方向依法取得道路客运经营许可、城市公共交通经营许可或者出租汽车经营许可的企业进行租赁，其所有者为校车提供方，学校只享有其使用权，不承担校车的注册、定期检查、维修等责任，统一由校车提供方按照客车的标准负责在公安机关交通管理部门履行上述职责。

长治：太行中学两辆校车为学校所有。

产生这种现象的原因主要有三：大城市政府有专门的校车管理部门，对车辆的要求和相关条例比较严格，也比较繁杂；校车租赁行业比较健全；学生家长一般愿意负担校车的费用。所以大城市的学校大多采取了租赁校车的方式。与之相对应的便解释了小城市学校自行购车的原因。

通过以上调查我们意识到，要淘汰一些自运营的、不合规的校车，甚至黑车，需要政府和市场的共同努力。随着校车监管力度的加大和条例的细化和完善，校车租赁会成为主流。届时，市场竞争会催生更高质量的校车服务，为学校带来便利，为同学带来安心。

（2）政府对校车/驾驶员的监管情况

那么政府监管究竟做得如何？对于校车上路的要求和日常的例检，三个城市的标准是不同的。

在车辆方面：

上海：校车都是根据上海市有关规定，经过教育局、公安局交通安全部门等多部门联合审批后，登记备案，领到校车标牌之后才上路的。学校每天要作相应安全记录，每月提交至监管部门进行审核，一年中还会有一次安全技术临时检验，以确保所有指标都符合标准。

大连：按照客车的标准负责在公安机关交通管理部门履行注册、定期检查、维修职责

长治：目前为两年一次检查，每年两次保养。使用期满十年后交警部门会每半年定检一次，主要监管权归省级部门所有。实际上，在采访太行中学后勤处长时我们了解到，由于市政府尚未为校车设立专门的管理部门，故目前校车是按照一般客运车辆的管理模式进行管理。譬如，政府规定校车必须参加每年面向客运车辆的春检，而一般的车辆不需要参加这类检查。

对车辆，上海规定只有拿到政府发放的专门校车标记方能上路，学校每月必须提供当月安全记录，大连和长治方面只需获得普通客运许可证即可。

在驾驶员方面：

上海：巴士公司提供的校车驾驶员都有十年以上的驾龄，经验丰富。

大连：现有校车司机均取得相应准驾车型驾驶资格 3 年以上，年龄不超过 60 周岁。目前还没有校车优先通行的相关政策。至今为止还没有发生过安全事故。

长治：校车司机为与学校签订合同的非正式员工，签订合同之前，会由学校审查司机具有的营运资格（具有驾驶证和营运资格证）。

对驾驶员，上海的标准是十年以上驾龄，大连是三年以上驾龄，而长治没有驾龄方面的限制，只需持有驾驶证和营运资格证即可。可见上海方面政府的监管十分严格，规定详细，大连有一定的规定，长治没有相关政府部门进行监管。

在这点上，大小城市的监管体系存在一定程度上的脱节是显而易见的。小城市可以借鉴大城市的经验，结合自身的特点，加快校车运营标准的制定。

（3）校车运营经费的来源

上海：经费方面，政府方面是没有校车补贴的，所以所有费用来源于学生每月交纳的校车费和学校自己的资金，由于是私立学校，所以这方面的经费还是很充足的，不存在用饭钱补贴校车的情况。

大连：现有校车唯一使用用途为接送学生上下学，每辆校车的平均乘

车人数为 20 人。校车运行费用由学生自行承担，目前人均收费月为 180/月。学生普遍反映收费较高，使用校车的人数并不是很多。

长治：在学校诸多经费支出当中，只有有限的一部分可以得到政府的支持。又由于校车营运对学生免费，故所有支出都有学校负担。

上海和大连的校车资金来源主要是学生每个月缴纳的校车费和学校的补贴。而长治的资金目前是由学校全部承担的，若更换新校车，则当地政府和企业都会给予补贴。

因此，校车新规所说的关于校车的补贴基本还未落实。

四、主要问题

随着调查的深入，我们发现上述分析虽然理论上成立，但在实际情况中，还是有诸多现实因素我们另外加以考虑。以下，我们分别从家长、学生和学校层面收集了他们对于校车运营主要问题的看法。

首先，我们整理了学校方面的主要观点：

针对校车补贴，上海和大连方面均存在"人多饼少"，难以调和的问题。

上海：虽然国家新规提到政府会做一定补贴，但光上海市杨浦区就有一百来所中小学，按每辆校车 20 万的使用成本来记，教育部门根本没有那么多资金来补贴所有校车。而据那位负责人所知，现在上海地区只有崇明县为中小学设计制造了专门按照美国黄色小学生校车的标准设计的校车，但数量也不多。所以在资金问题上，校车新规的实施还是存在种种难以实现的地方。

为了解决资金的问题，大连的学校采取的方法是向学生征收较高的校车费。

大连：由于某些线路的乘坐人数较低，为了维持盈利，人均校车收费一直在增长，由此使用校车的人数更加减少。据统计，现有校车收费为 180/ 月，而普遍学生可以接受的收费标准为 100—150 元。

与大城市不同，长治的政府对于补贴的政策则相对宽裕。更换校车的经费由学校、当地政府共同承担，企业也会给予补贴。

长治：和全国其他城市的学校一样，想要更换一辆完全符合标准的校车，学校需要大量的资金。首先，学校会考虑向政府申请资金支持，而令我们惊喜的是，根据以往政策实行的经验，学校最高可获得40%—50%左右的政府补贴，这可以为学校减少不小的负担。另外，在当地有几家企业一直以来为优秀学生提供赞助，这一部分资金也可以用于校车更新。除此之外，被采访的所有学生及其家长都表示愿意为高质量的校车承担低于私家车成本的费用。因此，尽管存在着不小的困难，资金问题还是可以得到解决的。

而在政策跟进上，长治方面将国家政策本土化的过程也困难重重。

长治：截止到我们调查结束为止，学校并没有接到政府关于更换或改装校车的任何通知。一方面说明了小型城市在政策传达上一直有着相当的滞后时间，另一方面也说明，为了使得国家颁布的政策可以在向长治这样的小型城市实行下去，中间的层层官员不得不要花很多时间来制定更细致的条例。

各地都存在着不同的矛盾点，因此若制定统一的新规，并不能解决所有问题，它的施行必须每一个地区结合自身情况自行完成，而国家的职责应该更多的是监督各个"地方版新规"的出台。

另一个层面上，家长对于校车的看法似乎更加着眼于其便利性。

上海：在路线方面，有位郭女士觉得，对于学生家长来说，上海的交通状况还是不错的，学校的硬件管理各方面都比较让家长放心，但在站点设置方面，还是离家远了一点，不过她也理解学校在兼顾所有学生的情况是难免取舍。

大连：校车的运行时间比较固定，节假日等学校提前放学时，校车无法接送。因此，校方应与车辆运营商就节假日安排提前沟通，尽量满足学生的乘车需求。

另外一个层面，我们也对学生家长进行了沟通，也有学生和家长对于校车的监管有独到看法。

上海："学校可以提高校车状况透明度，让家长能更方便地了解到车检情况，驾驶员情况等，这样让做家长的心中有底。"

长治："规范化标准化肯定是社会历史发展的必然，外界力量无法阻碍的，虽然说一定程度上则更加了成本，但是有利于校园安全，可能现在能做到的不多，但是有这个想法还是必要的，接下来需要的可能是人们不断努力和创新。"

同时，我们从学生和家长的口中也得知了很多与校方说法不相符的地方，比如有位长治的家长说："学校没有跟家长沟通过车辆安全和司机，晚上有的车辆存在超载的情况。"一位上海的同学则表示：其实车上的很多同学不系安全带。这些情况都值得我们反思。

五、个人感悟

1. 郭萌的感悟

在进行校车现状的调研之前，我们对之前发生的热点事件和政府有关文件关注了很多，因此对现实可能存在的问题抱有自己的一些预期。然而经过实际调查后，我发现了与预期不同的地方，从而引发了自己的一些思考。实际上，资金并不是困扰中小学校校车发展的唯一问题，对于小城市而言，由于地理位置和人口的限制，对校车的需求不大，少数需要配备校车的学校通常可以得到政府的支持。相比校车质量，人们更加关心运营时的管理责任，这一点学校和家长都有高度的共识。因此我认为，在小城市改进校车应当更加注意如何使校车的管理更加规范，每一个步骤都有相关责任人，而责任人最好能够有学校人员参与，由政府官员监督，同时需要将各方面情况及时与家长进行沟通。在安全压力较小，人情关系更加重要的小型城市当中，责任机制的完善显得尤为重要。

2. 龚耘的感悟

（1）新规的颁布，所谓高标准高质量，是以许多校车的牺牲为代价的，真正有校车的小学其实已经很少了。在我还是小学生的年代，校车是很多的。所以调研之初，我根据自己小学坐校车的经验，划定了包括母校在内的5—6所学校作为主要调研对象，但当我一一打电话询问时，对方都表示校车已经取消。在之后的调查中我才得知，根据《上海市中小学、幼儿园校车管理若干规定》，由于"地方各级政府要保障适龄儿童、少年在户籍所在地学校就近入学"，所以所有公办学校都不再使用校车了。虽然，这样政府希望学生就近入学以弱化所谓重点小学，可能也有节省开支、减少校车数量以保证质量、减轻管理难度的原因，但这与社会的需要是有背离的，现实是，还是由很多家长把孩子往重点小学送，每天辛苦接送。或者是另外一些家长实在没时间接送，只能把孩子送到学费很贵，但有校车的私立学校上学。

（2）校车的成本高，政府往往力不从心。校车成本在 20 万左右，上海市的校车之多，让政府很难做到公平补贴。虽然新规一直在声称政府补贴，但就上海方面，这样做几乎是不可能的。但上海车辆状况也还不错，所以可能对于山区学校的补贴会更加必要。

（3）本次实践调查的范围毕竟是有限的，对于上海的民工子弟小学等偏远的，资金有相对不太充裕的学校并未做全面的了解，所以结果还不完整，希望下次如果还有机会，可以完善这部分内容，并尝试联系政府相关部门和巴士公司等方面来了解更多的观点，使报告更客观。

3. 岳媛媛的感悟

这次寒假调研，我们真正地从身边的实际生活入手，去探究与国计民生紧紧相关的热点问题。而不再是仅仅从理论上讨论国家的政策，或做一些无意义的情感的宣泄。在调研中，感受最深的一点是实际情况的复杂多样常常超出我们的设想。许多问题需要因地制宜，发现诸多矛盾中最尖锐的予以解决才能达到最好的效果。反之，如果方方面面都要强行推进，也许并不一定会取得好的进展。另外，许多社会问题的背后都有其深层次的原因。如何不被表象所迷惑，发现这些背后的纽带，并尝试着思考调节各方利益、解决争端的方法，这才是清华学子面对社会问题时所应采取的理性而客观的态度。

六、结语

就在我们撰写调研报告之际，我们了解到辽宁省大连市引进的首批新款校车在 2012 年 2 月 24 日正式投入使用。尽管出台的校车安全管理条例仍存在着一些争议，但校车的安全管理已经受到了全社会的广泛关注。随着政府部门不断完善其管理机制，各方利益纠葛在争论中不断达成共识，我们相信，校车终将成为学生上学、放学的安全出行工具，而不再是一个个悲剧事故的代名词。

第四编

乡土新声——三农篇

什么改变了你的选择

——差序格局对阳江市农村小额信贷推广的影响

姜莹莹

一、文献综述与概念界定

1. 差序格局下的农村信贷

费孝通先生在其著作《乡土中国》中将中国传统农村社会称为"乡土社会"，即族缘、血缘、地缘、姻缘等关系基础上形成的，以农业生产为主要谋生手段的熟人社会结构。费孝通先生认为，不同于西方现代社会的"团体格局"，中国农村是一种特殊的"差序格局"，"乡土社会里从熟悉得到信任"，"乡土社会的信用不是对契约的重视，而是一种对行为规矩熟悉到不假思索时的可靠性"（费孝通，1947 年）。

这种小范围的信任与秩序和大范围的极度不信任和无序，决定了农民的借贷行为是基于其社会关系的，这与现代商业金融的效率经营和规模经营理念是不匹配的。

2. 基于农村家庭作用的农村信贷分析

张杰在《农户、国家与中国农贷制度：一个长期视角》一文中，从家庭作用和中国农村家庭的特殊性角度对农村信贷的正规与非正规之辩进行了剖析。

张杰认为，以家庭为核心组织的圈层观念在中国农村并没有因为市场经济的引入而减弱。人们的经济决策主要不是着眼于其自身的安全性和利益，而是着眼于整个家庭，一个人的财务危机绝不是软性的危机，而是整体的硬性危机。因而，人们在作出经济决策时，家庭这一组织仍然提供了对于风险的抵御功能。同时，人们即便在经济收入水平上得到了提高，其经济行为方式和生活方式仍然很大地受到家庭传统的影响，换句话说，"家庭保险"让个人无法独立的成为经济主体，他们具有明显的"内源融资"倾向，也就是说，偏好于在"内部"解决资金需求问题。

同时张杰还指出，不能绝对地区分正规信贷制度与人情信贷制度的优劣，所谓合理的现代商业金融制度，很可能是无法适应中国农村真正的融资需求，是"好看而无用"的东西。

3. 解决中国农村信贷问题的理论探索

就如何更好地解决农村信贷问题，许多学者提出了农村合作化的道路。么振辉认为，合作化可以减少分散经营存在的若干问题。但是，由于新中国成立后至改革开放前合作化在农村的不成功尝试，农民对于合作化仍然有较多顾虑。王曙光先生在其《乡土重建》一书中提到，政府主导的农民合作社存在着进出不自由，收益不高，以及外部性明显的问题，要更好地解决中国的农民融资问题，需要实现农民"自由人的自由联合"，构建农民的合作社而不是政府的合作社。

王曙光在《守望田野》一书中提出，农村信贷的发展需要解决三个问题：首先是法律地位的含混和不明确性问题，解决这一问题可以解决信贷机构信誉度、引资能力和缔约能力的问题；其次是实现扶贫目标与盈利目标的有效平衡，既可以实现反贫困目标，又能实现机构的财务可持续性；最后是要实现有效的风险控制和有效的内部治理机制，对机构管理者和工作者进行有效的激励和约束。

二、研究方法

1. 调查选择

基于上述文献查找的结果，不难发现以往有关农户信贷行为的研究主要采用了定量研究的计量手段。这样的调查方法有其优势，但是考虑到农户理解问卷的难度，笔者最后决定同时采用访谈形式，进行较为深度的入户访谈。

本次调查持续时间为 15 天（1 月 5 号至 1 月 20 号），笔者走访了四个村镇。为保证样本有效性，笔者选取了阳江市三镇四村，分别是大八镇朱环村，大八镇周亨村，合山镇平地村，江列镇报平村。其中，大八镇远离市区，位于山上，经济发展水平非常低，选取了朱环村与周亨村；合山镇虽远离城镇，但近年来农业经济发展速度很快；江列镇毗邻城区，村民生活方式与经济发展状况更贴近城市居民。

调查过程中，总共发放问卷 200 份，回收有效问卷为 136 份（后来决定以访谈结果来准）。采取随机抽样的方法，共入户访谈 106 户作为样本。同时，笔者还与三镇四村中主要的信用社进行访谈，取得了官方的一些数据和政策资料。总体而言，本次调研的样本具有一定代表性，基本可以反映当地情况。

2. 研究假设

基于文献综述结果，本次调研主要希望验证以下假设：

（1）户主的年龄、受教育程度、性别，家庭的城镇亲戚数量对与农户的借贷行为有所影响；

（2）基于农村的差序格局，农户在借贷过程中偏好于句亲友借贷，其次才是正规机构，形成了差序的信贷格局，笔者将之定义为差序信贷。

3. 访谈提纲

本次调研的访谈提纲以两份问卷[①]的方式呈现，问卷一主要分为两个部分，第一部分是对农户基本资料的访谈，第二部分则是对于农户借贷具体行为的访谈。问卷二则是对农户的家庭亲属关系访问。

三、基本数据分析

1. 农户基本状况

（1）农户家庭人口状况

表 1　农户家庭人口频数

家庭总人数（人）	户数（户）
1	1
2	8

---

① 　见附录 1、附录 2。

家庭总人数（人）	户数（户）
3	23
4	23
5	31
6	15
7	5
合计	106

表 2　农户常住人口频数

家庭总人数（人）	户数（户）
1	1
2	21
3	26
4	21
5	22
6	12
7	3
合计	106

　　数据表明，受调查农户中，以人口为 3 人、4 人、5 人的家庭类型居多，占到总户数的 72.65%，大多为核心家庭模式；比较常住人口与总人口发现，受调查农户中有一部分并不是全部留在家中，有 15.09% 的受调查农户有流动人口。

　　（2）农户家庭人口供养状况

　　估计受调查农户家庭生产能力，计算农户"家庭人口供养比例"①。统计如下：

表 3　农户家庭供养比频数

人口供养比	户数（户）
0.00	23

---

①　人口供养比 = 供养人口 / 劳动力。

人口供养比	户数（户）
0.17	1
0.20	1
0.25	11
0.33	11
0.40	1
0.50	16
0.67	10
0.75	2
1.00	16
1.33	1
1.50	10
2.00	2
3.00	1
合计	106

根据统计结果，农户家庭供养比在1.0以下的占到受调查总户数的69.7%，在1.0以上占到30.3%。受调查农户中，大多数供养人口少于劳动人口。

（3）户主学历

经统计，受调查农户中，户主学历分布如下：

表4 不同户主学历频数

户主学历	户数
初中	34
大学及以上	4
高中	17
小学及以下	51
合计	106

由表4和图4可以看出，在受调查农户中，户主学历在初中及以下的占了主要部分，并且小学及以下占比最高，由此可见，当地农民总体的受教育程度并不高。

（4）农户家庭年收支情况

为衡量农户家庭总体财务状况，对农户家庭年均（近五年来）收支状况进行调查，通过收入减去支出，获得农户年均盈余（整百计）如下：

表5 不同盈余水平频数

年均盈余	户数（户）
＜ 0	20
0	23
0—1000	4
1000—10000	33
≥ 10000	26
合计	106

由以上数据分析可以看出，受调查农户中，收支状况集中分布于基本持平和100元以上盈余。

2. 农户借贷行为

（1）是否有借入和借出钱的经历

表6 农户借出钱频数

是否借出过钱	户数（户）
否	62
是	44
合计	106

表7 农户借入钱频数

是否借入过钱	户数（户）
否	62
是	44
合计	106

数据表明，农户的借贷行为是比较普遍地存在的。

（2）是否有向正规信贷机构借钱的经历

表8　向正规金融机构借款户数

是否借出过钱	户数（户）
否	62
是	44
合计	106

由数据可知，曾经向正规金融机构借过款的农户占比为42.2%，少于未向正规金融机构借款的户数，这一数据与有借款经历的户数进行比较可以发现，农户的借款行为主要为非正规金融机构借贷。

（3）借款的主要用途

对于借款的主要用途，采用多选方式进行调查，结果如下：

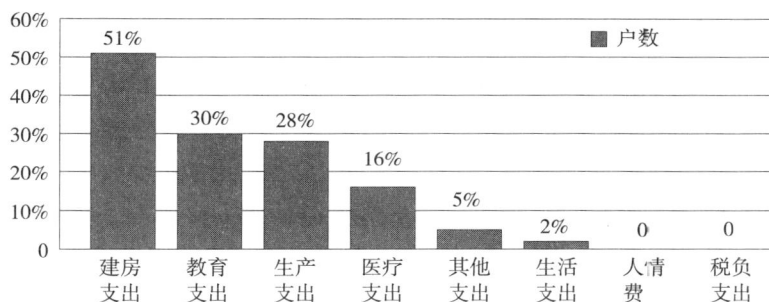

图9　借款用于不同用途的户数排序

在农户借贷目的前三位的分别是建房支出（51户）、教育支出（30户）、生产支出（28户）；而调查中借款用于支付人情费和税负支出的农户则没有。

（4）借款的主要来源

对于借款的主要来源，采用多选方式进行调查，结果如下：

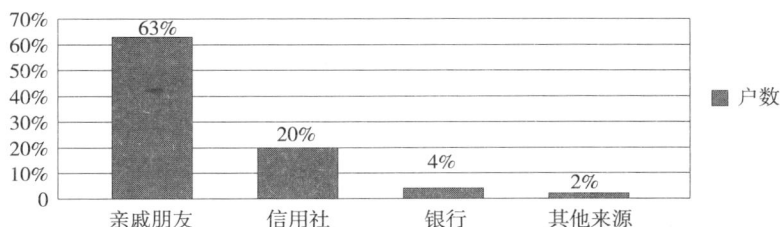

图10　农户主要借款来源排序

根据数据可以得知，农户主要的借款来源还是亲戚朋友，信用社次之。

（5）不考虑利息，农户最信任的借款来源

此问题的回答采用单项方式进行调查，结果如下：

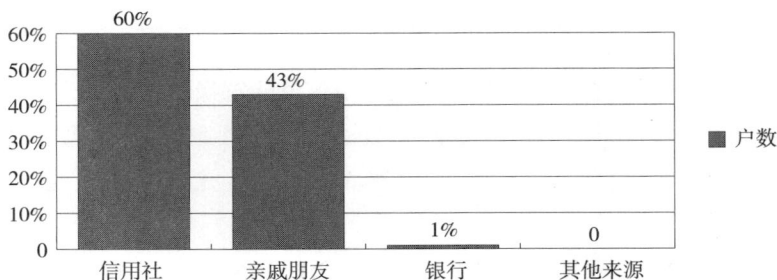

图11　信任不同机构的户数排序

当不考虑利息时，选择向向信用社借款的农户成为了多数，一共有60户，占比56.8%；选择向亲戚朋友借款的户数次之，占比41.3%。

（6）农户对小额信贷业务过程的了解

表9　户对小额信贷过程了解程度频数分布

了解程度	户数
比较了解	14
不太了解	47
非常了解	4
完全不了解	16
一般了解	25
合计	106

在受调查者中，回答不太了解、完全不了解的农户占比为57.8%；回答一般了解的农户占比22.9%；回答比较了解和非常了解的农户占比16.5%。可以看出，总体而言农户对农村小额信贷业务过程的了解不足。

四、对于差序融资的分析

在传统的农民信贷文献中，大多提到了费孝通先生所提出的"差序格局"概念。中国农村存在着差序的亲疏关系格局以及人际信任格局。由此我们似乎可以假设农村信贷发展的困难，是由于人际信任圈层的由内向外扩展，私人信贷更能被农民所接受这一逻辑链条解释的。

基于这样的假设，笔者在访谈中设计了相关的问题，希望通过不同的问答方式，区分开"人际关系"和"利率"对于借贷行为的影响。由此设计出以下两个问题：

在没有利率的情况下，您更加信任的借款来源是？

在 10000 元以下的规模，您觉得向哪一借贷来源借款较好？

在 10000 以上规模，您觉得向谁借款较好？

1. 无利息情况下的借款决策

在调查中我们发现，在农民的借贷过程中，差序格局确实在发挥作用，但是作用的方向却与假设相反。正是由于差序格局的存在，对一个农户家庭而言，首先会如黄宗智先生的"拐杖逻辑"概念所形容，首先通过家庭内部的努力解决资金紧缺问题。然而当人际关系的圈层扩展到亲戚朋友一层，在不考虑利率的情况下，大多数农户会偏好向正规金融机构借钱。

这样的借贷决策基于以下两种逻辑：

（1）差序的人际格局

作为差序格局里层的亲戚朋友与家庭的关系，相较于正规金融机构而言，是更为重要的。而借贷涉及了经济利益，是一个较为敏感的问题。向亲戚朋友借钱，首先，在提出借钱要求时，可能会造成亲戚朋友与自家关系的紧张；其次，即使亲戚朋友乐意借钱，也因为这样的借贷欠下了人情；另外，如果在还钱时出现了风险，这不仅是一个信贷责任的问题，更会涉及个人及家庭在亲戚朋友圈子中的名誉和生存。

而处于家庭关系外层的金融机构，虽然也存在着借贷过程中的种种困难，存在拖欠款时的信用损失，但是其重要程度是不及与家庭关系更为亲近的亲戚朋友的。基于这样的逻辑，在不考虑利息的情况下，向正规金融机构借钱是更为理智的。

（2）获取贷款的难易程度

与农户家庭亲近的亲戚朋友，其财务状况往往与农户家庭有着一定的相似性。向亲戚朋友借钱在能否借到钱、借到钱的数额上都难以保证。而正规金融机构则不同，就农户借贷的分散性、小额度而言，正规金融机构往往能提供充足的资金。而在调查之中，大多数农户都提及这一问题，"向亲戚朋友借钱不一定能借到，而向正规金融机构借钱往往可以借到"，所以在没有利息的情况下，大多数农户都会选择向正规金融机构借款。

基于对这个问题的访谈我们可以发现，导致农村非正规信贷行为比正规信贷机构活跃的原因，并不是差序人际关系的作用。在不考虑利息的情况下，农户更愿意向正规金融机构借钱。并且我们可以初步得出结论，这样的借贷格局更多的是由于利息的作用。

2. 有利息情况下的借款决策

在存在利息的实际情况下，也就是实际的情况下。农户的决策状况和无利息的状况是明显不同的。而这样的不同还存在着借贷金额大小的作用。

在 10000 元以下的数额，大多数农户的回答是选择向亲戚朋友借款；而在 10000 元以上的数额，大多数农户的回答则是选择向正规金融机构借款。

通过对于这个问题的回答，实际上反映了在不同的借贷数额下，农户的借款决策对于利息的弹性和对于借款可能性的考虑是不同的。在小额借贷决策中，农户对于利息的敏感程度是较大的，因而更偏好亲戚朋友借款；而在较大额的借贷决策中，农户则更多地考虑借款的难易程度。

3. 还款决策

当问及还款是先还正规金融机构还是先还亲戚朋友时，大多数农户的回答是还正规金融机构，这样的决策主要是由于利息的作用。由此可见，在一些传统文献中，农户对利息不敏感的假设是不符合现实的。在借贷的过程之中，农户其实较多的考虑了利率的作用。

综合以上分析我们可以发现，差序的人际关系格局在受调查的村庄中其实以与假设相反的方向发生作用。正是基于较亲近的人际关系农户其实更偏好向正规金融机构借钱、还钱也会优先还正规金融机构；导致他们做出现实中更多地向亲戚朋友借钱的原因其实是利率的作用，由于小额借款中，农户容易从亲戚朋友处获得借款，同时又对利息更为敏感，而10000元以下的小额贷款又是其生产生活中最为多见的，因而农民在做出借贷决策时，更偏好向亲戚朋友借款。

五、广东省阳江地区农村信贷现状

1. 农村信用社承担了支农信贷的主要任务

当地主要支农贷款通过农村信用社完成。以合山镇农村信用合作社为例，在贷款户数中，涉农贷款占总户数的86.31%。总体而言，农村信用社由于其组织特征和支农工作传统，在开展农村信贷工作中有较大优势。

2. 农民信贷用途的非生产性

根据第一部分的数据分析可以看出，在受访谈农户中，有很大比例的农户借贷是用于扩大生产，而51户的农户借贷是用于家庭建房支出。同时通过访谈可以发现，大多数农户的借贷行为仍然是基于短期的弥补资金不足考虑，而很少有长远的生产发展规划。由此可以提出农村信贷发展的两个命题：（1）更好满足短期性质的农户贷款需求；（2）引导农民对生产进行长远规划，将资金真正投入到支撑农村经济发展、提高农民生活质量的领域。

3. 农村信贷过程中的信息传播存在着较大瓶颈

通过调查我们发现，在受调查农户中，对小额信贷非常了解的户数占3.7%，而比较了解的占12.8%。由此可见，农民虽然对于农村小额信贷虽然有所接触，但对其了解程度是不足的。受调查的乡村中，大多数有驻地农村信贷员进行宣传，但有关知识仍然缺乏系统性的传播；而村干部承担着多样的考核目标，难以将精力集中到农村信贷的宣传上来。

4. 正规金融机构贷款授信额度与农户贷款需求结构的不匹配

就借款需求而言，大多数农户在10000元以下选择向亲戚朋友借款，10000元以上则选择向正规金融机构借款。但是通过调查，不同地区对于小额信贷的授信额度不同，有的地方提供20000以下的额度，而有的地方则只有10000元。而在这样的额度区间内，农民更偏好向亲戚朋友借钱，而在更大的资金需求上，却无法从正规金融机构得到满足。由此可以看出，在授信额度和贷款需求结构上，存在着不匹配的现象。

5. 小额信贷利息问题

就贷款利率而言，小额信贷按照基准利率上浮 80% 以内进行处理，就当前而言，农户小额信贷需要承担 9% 以上的利率。在受访过程中许多农户表示，借钱过后忙于支付利息，缺乏支付本金的能力。而通过与农村信用合作社座谈也可以看出，农村小额贷款的坏账率明显高于其他类型贷款。小额信贷利息超出了农户承受范围。同时，基于利息对借款决策影响的分析，如果要促进农村正规信贷的发展，必须重视高利息对正规借贷的抑制问题。

6. 合作社模式在借贷中的独特优势

专业合作社作为合作社的一种模式，是农户在专业农业生产、销售上的合作组织。在调查中我们所访谈的合作社既有农民自发组织的小规模专业合作社，也有乡镇牵头组织的专业合作社。合作社作为农民的合作组织，起到了较好的风险分担和技术共享作用，在贷款过程中也更容易获得贷款，同时，以合作社方式进行贷款，有效减少了个人在借贷过程中所花费的时间和精力。通过调查我们发现，专业合作社作为零散的自组织时，自身有较好的优势，其主要作用是技术普及以及风险分担；而当专业合作社作为较集中的大规模组织时，其作用则倾向于获得市场地位。仅仅就农村信贷的角度看，零散的自组织已经可以承担促进信贷发展的作用，而当合作社发展壮大时，其自身已经存在类似"卡特尔"中的道德风险问题，管理有较大困难。自组织的分散模式，可以说是更为理想的一种模式。

六、农村信贷的政策建议

1. 加大宣传力度，探索新的宣传途径

在很多户的访谈中，农户不考虑正规金融机构借贷的一大原因是缺乏对于这一借款途径的认识。宣传力度的不足是调研中暴露出的一大问题，这一问题的产生有村级干部、金融机构、农户本身各自的原因。调研中发现，农户主要的文化信息来源是乡村一级行政部门的宣传以及亲友信息。在宣传农村信贷业务过程中，应该紧握这两个途径，采取适应农民认知方式和决策逻辑的宣传手法进行宣传。

2. 把握农村人际关系特点，探索小额贷款风险规避方法

在调研中，我们可以明显感觉到乡村文化与现代商业思维的不同之处。如果现代商业思维考虑的是经济收益与经济风险，那么农户的考量中的收益与风险则不仅仅是经济的，更有社会、文化层面上的考虑。现在而言，涉农信贷具有高坏账率的风险。动员乡村人际关系，充分发挥乡村精英作用，将贷款的风险在农民的层面上"私人化、感情化"，或许是解决贷款风险的有效途径。这里的"私人化、感情化"并不是指放弃制度性的规则，而是突出这样的贷款在乡村人际中的作用，而不止是经济利益的作用。

3. 简化贷款手续

调查中发现，现有小额信贷对于证件和本人确认的要求，对于一部分农民来说是比较难以实现的。在向江列镇农村合作社调研过程中，信用社介绍了现在正在该处试点的小额信贷上线工作，同时，信用社也推出 E 讯通，方便农民取款，每次 500 元，每日两次（收取手续费）；成立贷款服务中心，重点为中小企业服务，实现城乡分离发展。如前文所说，江列镇由于毗邻市区，经济发展模式更加靠近城市。

简化贷款手续始终是优化贷款体验的重要途径，正规金融信贷与私人借贷相比，具有明显的手续繁杂特点，虽然这是不可避免的，但仍然是需要优化的重要环节。

4. 发展合作社，突出自组织优势

合作社具有分担风险的优势，对于金融机构和农户双方的风险规避都有良好作用；同时专业合作社对于农村经济的发展也有较好作用。发展专业合作社是发展农村经济的较优模式，但是合作社本身有不同的模式，也有自身的优势和劣势。

专业合作社在风险分担的同时，也存在着利益分配不均、负外部性的特点；同时，扩大的合作社，也存在着管理结构科层化、垄断的特点。而利益分配问题和外部性问题，可以通过农民自组织较好解决。我们认为，农民自组织、规模适度的专业合作社是理想模式，行政力量可以促进专业合作社的发展，但是应该让农民自身成为合作社的组织者和领导者，一方面激发积极性；另一方面也可保证合作社利益更加公平分配。

从这次调查中，笔者深刻感受到，阳江市农村的经济正处于上升期，

各地区的发展还是很不均衡的。以小见大，中国农村的经济发展也是如此。农村经济发展离不开农业，农业要想做大做强，离不开投资，小额信贷是促进发展的最好工具。作为一个基础经济，政府应当进行相应的宏观调控，针对农村小额信贷的发展现状，出台有关政策，为其"开路"，让小额信贷蓬勃发展。

关于安徽太和旧县镇新型
农村合作医疗制度的调研

白　凡　付丹阳

一、背景资料

1. 安徽省新型农村合作医疗简介

新型农村合作医疗，简称"新农合"，是指由政府组织、引导、支持，农民自愿参加，个人、集体和政府多方筹资，以大病统筹为主的农民医疗互助共济制度。此项政策实施已有一段时间，便以安徽省太和县旧县镇作为调查地点了解新农合的具体实施状况。安徽省相关政策说明基金来源包括：农民个人缴纳、乡村集体经济扶持、各级财政拨款、新农合基金利息收入、社会捐赠和其他收入。随着新农合筹资标准的提高，安徽省又提高了参合农民就诊的补偿待遇，参合农民在乡、县、县以上医疗机构住院的患者补偿比例，分别比原有标准升高 10%、15%、15%。安徽省计划从 2007 年起，用 5 年时间在全省建设 1230 所县、乡医院和 10000 个村级卫生室，最终实现农民小病不出村、大病不出乡的目标。

2. 旧县镇简介

旧县镇位于太和县南部，向南紧邻县城，镇政府驻地距县城 6 公里。旧县镇交通便利，集镇基础设施较为完备。近两年农工业等发展迅速，镇上居民也随着生活水平的提高素质也逐步更高。65 岁以上老年人口约占总人口数的 10%。2009 年 10 月，旧县镇把九十万的新农合参合金上缴太和县新农合办公室。据悉，这是县新农合办公室当年收的第一笔参合金，参合率达到 93% 以上。至 2011 年基本上参合率几乎达到 100%。结合旧县镇社区工作人员口述，资金来源：农民每人每年拿出 50 元（因为物价上涨的缘故，由 2009 年每人每年 10 元逐步上涨到 50 元；对于五保、特困居民不收取费用），其他则由政府补助。旧县镇现在的补偿是，在旧县镇医院、县医院住院费用超过 100 元部分补偿 90%、80%，医疗检查费用补偿 50%，门诊费用不予补偿。对于补偿之后依然经济困难的对象再在补偿后的总剩余费用给予补偿 40%。近几年来旧县镇政府又在全镇加强了旧县中心医院的建设，并在每个社区建立了社区医院。

3. 旧县镇中心医院简介

医院处于旧县镇主干道上，在旧县镇交通较为便利的位置之一。因为这两年的城镇建设，旧县医院还在整修整改中，但是医疗设施比之之前有很大的改善。设有临床科室：急诊室、内科、外科、妇（产）科、预防保健科；医技科室：至少设有药房、化验室、X 光室、消毒供应室，是一所综合型医院。

二、走访旧县镇居民的情况和亲身经历

小组成员在 2012 年寒假期间因为过敏性支炎在旧县中心医院住院一个星期。因为医院还在整修阶段所以床位并不固定，笔者接触了很多不同年龄层的老乡们，了解了他们对新农合的感触。就笔者而言，新闻中经常报道老百姓看病难看病贵的问题，住院会花费较多费用，而父母很是放心：现在有新农合，花费不了多少。一个星期总费用为 1617 元，而最后所补偿为 1332 元。而且补偿时的效率也很高，办理出院手续当天就可得到补偿费用。

在走访相邻居民时，根据旧县镇旧西社区行政人员提供的一些资料，我们便上门走访了那些典型案例。例如，73 岁的卢某因中风后遗症住院费用 42239 元，在新农合补偿后共花费了 4632 元。于是他向社区提供了个人资料以及自己的情况申请救助，社区工作人员通过审核通过又给予其1852 元的补偿。卢某说，以前患病就只能在医院开了病方之后在外面药房拿药，只能靠药物支撑。而现在，住院则简单而且便宜多了，在医院里得到了更好的治疗。

调查了临近旧西社区、三角元社区等共 100 户住户。其中调查了户主

（40 岁左右）意见，以及常病老年人（约 70 岁左右）意见。下以扇形图形式直观表现意见分布。

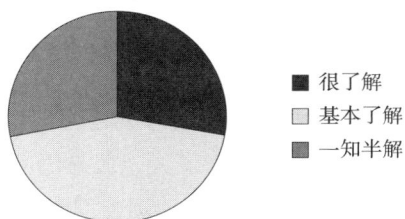

很了解
基本了解
一知半解

图 1　对新农合的了解

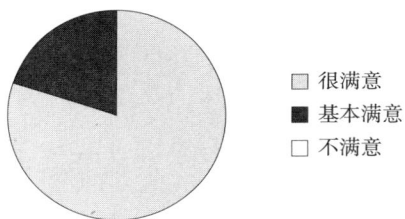

很满意
基本满意
不满意

图 2　对新农合补偿的满意度

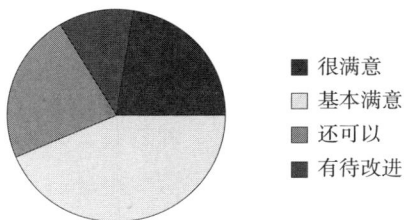

很满意
基本满意
还可以
有待改进

图 3　对旧县医院的满意度

三、采访旧县镇医院人员和政府人员的情况

为了更为全面地了解新农合实施的情况，我们还采访了与百姓接触密切的医院工作人员以及社区委员会相关部门工作人员。

旧县镇医院外科医师刘强告诉我们，新农合的普及使老百姓不再担心医院的医药费用比外面更为昂贵，来就诊的人员日益增多。但是医院的设施、设备依然满足不了需求，只能做基本的检查，也没有一些特效药只有常规药物。问题还有很多，只能解决我现在力所能及处理的病情。

旧西社区办公室委员袁世忠告诉我们，新农合初期之时基本上大家都觉着这是解决问题的好办法便都加入进去，但是仍有一些人持怀疑态度，比如补偿款能否快速发放出来，申请救助能否得到批准等等。但是几年下来，大家都发现这些怀疑并没有得到证实，而且新农合越做越好群众的满意度越来越高。当然，我们的工作仍然存在着一些问题，像一些家境困难的孤寡老人常年多病仍有很重的负担，这些问题我们希望会有更好的政策出台得到更好的解决。

四、历年发展情况

旧县镇从 2009 年开始新型农村医疗合作制度的试点工作，开始的时候并不尽如人意。与传统合作医疗基金相比，虽然新农合强调了"个人，集体和政府多方筹资"，在农民缴费的同时政府会给予资助，但是旧县镇在实际运行中，农民的参与热情并不高。通过询问一些老人，他们都觉得存在很大的风险：如果自己不得病，那么岂不是把存的钱交给生病的人看病了？由于对医疗消费存在侥幸心理，他们并没有医疗风险投资意识。镇上的居民更希望把钱花在吃饭穿衣还有教育投资上，认为看病花钱这种随机的支出是可以省略的。再者，由于筹资成本是旧县镇卫生部门承担，他们缺乏主动性，筹资成本高，还效率低下。但是近年来由于镇政府对新农合的大力宣传，让广大镇上居民了解身边的人因为加入合作医疗的而省钱的实例，使得新农合制度深入人心，而且医疗报销的比例也有所增加，从开始的 70% 提高到 2010 年的 75%，2012 年更是提高到了 90%，让旧县镇农民切身感受到新农合的优越性。

五、旧县镇新农合制度面临的主要问题

1. 从经济学层面考虑，新型农村医疗合作制度存在着认识潜在的资源浪费。

第一，因为就诊者和医院之间的信息不对称，就诊者对自己的病情并没有医生了解的清楚，所以医生在开处方的时候倾向于往大病上开，多开药开贵药，造成了极大的药物浪费情况。第二，由于新型合作医疗以大病统筹为主，看大病的患者因为报销的比例会高，所以并不太在意医生多开了药或者延长了住院时间，甚至有的患者本来可以不住院但是因为住院的边际成本很小而选择继续留在医院治疗。第三，旧县镇医院和周围私人药店的药价存在比较大的差异。虽然各级医院用药都是经过政府采购，也是由物价局定价销售，药价偏高是可以理解的，而私人药店可以省去政府采购环节从而降低链条成本等，但是由于存在着这样一个黑色地带，新型农村医疗合作的筹集资金有被医院蚕食的可能性。

2. 从供给条件来考虑，旧县镇医院跟县级或者市级医院存在着较大的差距。

旧县镇医院毕竟是一个镇级医院，我们走进医院可以清楚地发现社区卫生基础设施不完备，乡镇卫生院房屋比较破旧，甚至可以看到角落里存在危房。由于有经验有后台的医务人员都想调到太和县人民医院或者太和县中医院，所以留下来的医资队伍整体水平不是很高，询问了外科的一位姓张的护士，她跟我们年纪差不多，说很多护士是刚从护校毕业就来旧县镇工作的，没有实习经验，只能由护士长带着慢慢地学习，问她以后是不是想长期留在这里，她说家里人都在太和县里，所以希望工作两年后调到县级医院。就是因为县里医生和护士的待遇都比旧县镇医院高，所以旧县镇医院技术骨干流失现象极其严重。而且在采访镇上居民的时候，我们可以从他们口中得出旧县医院近几年来出现了好几起病例诊断错误，都被送到县里再次接受治疗，从心里对旧县医院还是不太放心。但是如果农民不去旧县镇医院，那么他们的新农合保险就不能起到应有的效果，他们不会享受应有的报销。再者，我们向药房的张医师询问了旧县镇药品的种类情况，他坦白说由于政府的限制，定点医疗单位在新农合《用药目录》上有

了明确的限制，使得他们能给就诊用户使用的药物目录范围偏窄，从某种程度上限制了对新农合病人的有效诊治。

从社会公平角度讲，新型农村合作医疗制度并没有让农村人跟城市人的差距缩小。社会关注三农问题，关注农村医疗制度的问题主要是因为当今中国社会贫富差距过大，而农村居民的权利也无法得到保障，所以政府期望建立完善的医疗保险制度使得农民的生活水平得到保障。事实上，旧县镇上的居民分为两个部分，一个是长期在旧县的，一个是外出打工或者求学的，如果是对于后者即使他们参加了新农合也不能享受到实际的优惠，而对于前者，如果生大病的话，对于旧县镇医院的不信任以及交通的便利使得他们也大多求医于县级以上的医院，所以新农合的实惠程度范围还有待提高。

六、旧县镇新农合制度的改善方案

1. 加强旧县镇各方面的监管，比如政府和卫生部门可以对医院的药物目录和药物价格进行二次监督。

2. 向县级政府申请资助，对镇医院的医生和护士进行定期培训，并且提高他们的工作收入，防止医院的医资力量外流。加大对卫生建设的投资，使得镇上居民对新农合的支持度增加。

3. 继续简化补偿手续，从调研可以看出，旧县镇经过三年多的发展农民医疗金额的申报程序已经得到了很大的改善，以前由于登记和报销程序的复杂，所以实际上新农合是以大病统筹为主，小病大多由农民个人医疗账户来支出。而今年对镇上居民的调查居民反映他们先自费缴纳医药费，然后再拿着单子去报销，并没有觉得不方便，所以农民的满意程度很高。

一个月的调研很短暂，但是通过跟镇上居民、医院和政府人员的交流中，我们得到了很多关于新型农村合作医疗制度的有效信息。在几年前它并不被农民看好，农民的参与热情不高，而且由于各种国家政策的限制，比如对新农合规定了较窄的药物目录，更是由于申报程序的不规范和复杂，筹资程序的不合理，农民得到的实际利益很少，但是最近几年旧县镇的居民都切实体会到了新农合带来的好处，特别是家庭生大病的时候可以得到较大程度的补偿。但是调查不同的病人他们所说的报销比例并不相同，我们觉得这个可能是因为镇上关于新农合的宣传并不到位。但是总体上来说，特别是从口头采访和问卷调查的结果上看，旧县镇新型农村合作医疗制度已经比较成熟，而且在农民中满意度较高，这个也是作为家乡人特别自豪的事情。我们暑假回去的时候还会就这个课题进行二次调研，对我们采访过的居民进行回访，希望旧县镇新农合的存在的问题会得到改善，使镇上的人民获得更多的实惠。

NGO 产业扶贫模式

——以"郭式基金会"陕西淳化基地为例

王光海　欧　媚　庞昌平

闫　蒲　范方达　陆一鸣

一、导言

1. 文献综述

随着非政府组织在扶贫方面的作用越来越重要，关于非政府组织扶贫的研究也在逐渐展开，但由于开始晚，目前的成果并不多，比较主要的有：

张勇的《基于 SWOT 分析法的中国非政府组织扶贫模式探讨》，提出"非政府组织扶贫一个至关重要的问题就是，非政府组织选择何种最优化的行动策略或者帮扶策略，真正参与到扶贫事业中来，以提高扶贫的效率"。文章借用企业中的 SWOT 分析法，运用其组合模型具体分析不同非政府组织扶贫模式的优势、劣势，从而选择出最优化的扶贫模式或者扶贫模式组合。

郑光梁、魏淑艳的《浅议国外非政府组织扶贫机制及其启示》认为"当前在世界反贫困领域内不同程度存在着政府失灵、市场失灵现象，贫富差距有进一步扩大的趋势，消除贫困，除了利用政府、市场机制之外，还必须寻求社会机制"。本文简要介绍了国外非政府组织扶贫实践活动，重点论述了国外非政府组织扶贫的机制优势，指出了当前我国构建和谐社会非政府组织借鉴先进经验参与扶贫不仅是必要的也是迫切的。

李菊兰的《关于非政府组织扶贫方式的探讨》认为"进入新的世纪以

后，中国的贫困问题表现得更加复杂，扶贫的难度不断在加大，政府扶贫显得力不从心，非政府组织扶贫显示出独特的优势"。笔者主要从非政府组织扶贫的特点出发，探讨了非政府组织教育扶贫和科技推广扶贫两种方式。其另一篇著述《非政府组织扶贫模式研究》也讨论了相关的问题。

除了学术研究外，记者冯艳的《贵州"春晖行动"探索非政府组织扶贫新思路》和记者张欣的《中国非政府组织扶贫国际会议召开》两篇报道中，也介绍和探讨了非政府组织的扶贫现象和成就。

综上所述，目前关于非政府组织扶贫的研究，具有很重要的意义，有待深入。

2. 研究背景

改革开放以来，中国经济取得了突飞猛进的发展，取得了举世瞩目的成就。一部分人先富起来了，一部分人跟着富起来了，但是，还有很多人没有富起来，甚至出于极端贫困的状况，这种情况在发展滞缓的农村地区尤其突出。大陆 31 个省、自治区、直辖市和现役军人的人口中，居住在乡村的人口为 674149546 人，占 50.32%。[①] 而时至今日，农村居民收入状况[②] 并不乐观。

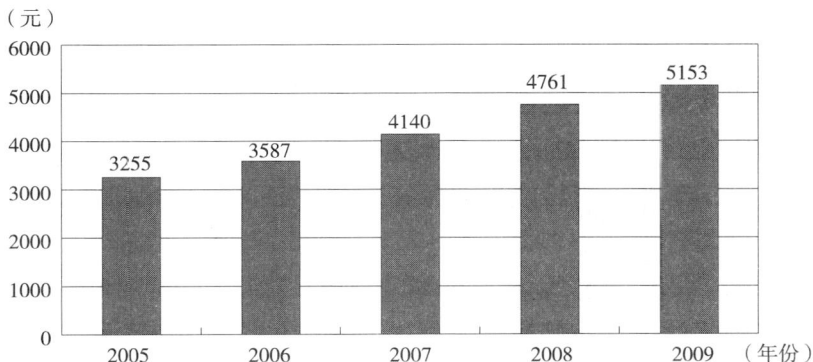

图1 2005—2009 年农村居民人均纯收入

《十二五规划》第二篇即是关于农业发展，指出要强农惠农，加快社

---

① 2010 年第六次全国人口普查主要数据公报 [1]（第 1 号）。

② 摘自中国人口信息网。

会主义新农村建设。2011 年 11 月 29 日上午在北京召开的中央扶贫工作会议①上，中共中央总书记、国家主席、中央军委主席胡锦涛出席会议并发表重要讲话，强调扶贫开发是一项长期而重大的任务，是一项崇高而伟大的事业。胡锦涛强调，消除贫困、改善民生、实现共同富裕，是社会主义的本质要求，是改革开放和社会主义现代化建设的重大任务，是全党全国各族人民始终不渝的奋斗目标。会议决定，将农民人均纯收入 2300 元（约合 355.6 美元）作为新的国家扶贫标准，相较于 2009 年的年人均收入低于 1196 元的标准，新标准提高了 92%。新标准下，有待国家扶贫的农村人口有望达到近 1.3 亿，比之 2010 年，增加了约一亿左右，随后，中央发布了《中国农村扶贫开发纲要（2011—2020 年)》。农村的扶贫工作的重要性也是越来越凸显出来。

中国目前的国情和政策条件下，非政府组织在农村扶贫方面能够与政府很好地合作，而事实上，如国际计划之类的组织已经在中国开展扶贫工作多年，积累了越来越多的经验，非政府组织的扶贫正在走上新的台阶。

3. 研究概况及研究方法

（1）调查时间和地点。本次实践调查地点在陕西咸阳淳化县，时间为 2 月 3 号至 10 号。

（2）调查经过。

【2 月 3 日】从各地抵达机场，最晚一班 17∶25 抵达西安—咸阳国际机场。预计 20∶00 到达淳化。

【2 月 4 日】7∶30——起床，8∶00——用早餐，8∶30—18∶00——访问寺村。早餐和晚餐安排在县城，午餐安排在村。

【2 月 5 日】7∶30——起床，8∶00——用早餐，8∶30—18∶00——访问寺村　早餐和晚餐安排在县城，午餐安排在村。

【2 月 6 日】7∶30——起床，8∶00——用早餐，8∶30—18∶00——访问甘沟村　早餐和晚餐安排在县城，午餐安排在村。

【2 月 7 日】7∶30——起床，8∶00——用早餐，8∶30—18∶00——访问甘沟村　早餐和晚餐安排在县城，午餐安排在村。

【2 月 8 日】7∶30——起床，8∶00——用早餐，8∶30—12∶00——

---

① 摘自中新网。

与基金会工作人员交流，了解县情及基金会的工作；14：00—18：00——参观并访问基金会在县城的教育项目，与教育合作单位工作人员进行交流。

【2月9日】7：30——起床，8：00——用早餐，8：30—12：00——参观并访问基金会在县城的卫生项目，与卫生局工作人员进行交流；14：00—18：00 参观并访问基金会在县城妇幼保健项目，与疾控中心工作人员进行交流。

【2月10日】返回西安咸阳国际机场。

（3）调查方法。主要采用定性研究的方法，以焦点群体方法和田野访谈法为主。座谈对象为基金会基地工作人员、县教育局和卫生局的领导以及村干部，通过座谈了解基金会在淳化的各个项目的规划和运行情况，把握整体。入户采访由村干部和基金会工作人员带领，采访了养殖、种植产业示范户，贫困户，养猪合作社社员，资金互助合作协会会计等等。

4. 调查背景

（1）郭氏基金会简介。嘉里集团郭氏基金会（下简称基金会）成立于2007 年，先后在中国香港大陆建立了 11 个基地。

基金会以国际企业化的管理模式，整合政府及农民资源，致力于通过采取可持续和可复制的扶贫模式，解决卫生、教育、产业和水资源方面的社会问题，帮助农民把握发展机会。

在组织方面，基金会的人员由科目部及基地两类组成。基地人员主要来自于当地党政机关工作人员，而科目部人员主要来自于大中型企业管理人员，基金会希望其相互之间取长补短，相得益彰。基地是组织中最关键的单位，基金会在此将资源转化为可持续的社会价值，并创建"脱贫模式"。

在流程方面，基金会在每个基地计划用 10 至 15 年的时间与当地共同努力达到脱贫困、奔小康的目标，为此其在每个基地有规范的运作流程：摸底—小康指标确定—差距确定—立项缩短差距—项目执行—绩效跟踪，共计六个阶段。

基金会的最终目的是授人以渔，即帮助贫困村民掌握适当的能力，为自己甚至他人创造机会和改变命运。

（2）淳化基地简介。淳化县位于陕西省中部偏西，咸阳市北部，是一个典型的山区农业县、革命老区县和国家新一轮扶贫开发重点县。全县总面积 983.81 平方公里，耕地面积 54 万亩，辖 5 镇 10 乡 204 个行政村，总人口 20.54 万人，其中农业人口 17.53 万人。

基金会在淳化的试点于 2009 年 4 月开始进行，投资额 1500 多万，拥有 100 多个项目，涉及卫生、教育、产业、水利、基建五个大类，投资规模分为县和试点村两个级别。

在试点村方面，淳化县润镇甘沟村位于县城西北 10 公里处，临近 108 国道，甘沟村现有 495 户 2135 人，耕地 4200 亩，其中果园 1800 亩，全村共有 74 户为贫困户（年收入 2665 元以下），是基金会 2008 年在淳化县成立的首个试点村。寺村位于淳化县石桥镇，现有 233 户 988 人，耕地 1970 亩，是 2009 年成立的第二个试点村。苹果是两村的主导产业，但因缺乏管理技术，果树老化产量下降。甘沟村养殖基础较好，百头以上养猪户达 20 户，但受资金的困扰更大规模的养殖业受到制约，农民收入增幅缓慢。

（3）互助资金介绍。互助资金是 2006 年国家扶贫办和财政部开展的项目，后来基金会向甘沟村互助资金投入 10 万元并改进其管理模式。互助资金采用会员制度，由村民自愿每户出资 500 元，3 户或 5 户一组加入会员，进行联保借款，借款单笔金额不超过 5000 元，期限 6 个月以内，须用于发展生产，设有资金占用费每月 0.6%。

二、模式一——寺村"带动"模式

1. 寺村简介

寺村，隶属于咸阳市淳化县秦庄乡。在沟壑纵横的淳化，它和周围的其他村落一样，有着典型的黄土地貌。然而有所不同的是由于寺村位于淳化县海拔较高的山区，该村的人均收入水平处于全县平均水平以下。全村共有住户 233 户，9880 人，全村 1970 亩耕地，共分四个生产小组。寺村是郭式基金会淳化基地第二个试点村。基金会在寺村的发展思路依然主要在于"如何提高村民的素质"。和其他基地一样，基金会的扶贫在寺村依然主要分为四个方面，即产业、教育、水利、卫生。经过 2010 年对寺村产业基本情况的调研，基金会对于寺村的产业扶贫起步于 2011 年。

由于寺村海拔高、昼夜温差大、发展苹果种植历史悠久等区位条件突出，村民早在八九十年代便开始自发开展苹果种植。但是十几年过去后，由于苹果果木老化现象严重，近几年产量和品质都有所下降。基金会2011 年开始指导寺村的产业发展，将重点置于规模化的蔬菜种植、葡萄种植和养殖几个方面。

2. "带动"模式介绍

值得注意的是，在发展产业的过程中，由于寺村原有产业基础欠佳，农户种植苹果、小麦以外作物的积极性不高。基金会针对寺村基本情况，设计并采取了一种叫做"带动"的模式。

"带动"模式的参与主体包括各个产业的示范户、基金会、全村其他非示范户（即"被带动"的农户），整个模式的运作方式如下：基金会会从每一个产业中选出十户示范户（产业包括蔬菜、葡萄种植，羊、猪养殖四大产业），这十户由村民自己报名参与选拔，村委会推荐，最终由基金会敲定。遴选标准是"具有一定的爱心"和"发展产业的热情"。示范户在发展产业的过程中可以获得基金会生产资料的一定补助（如养猪示范户启动时可以获得八头猪仔）、技术的培训和相应资金的支持。在获得帮助的同时，这十户还有"带动"其他村民共同发展产业的责任和义务，即要求示范户每户带动五户甚至更多的村民发展其产业，并给予技术的支持。以葡萄种植为例，经过 2011 年，十户示范户共带动 40 户村民发展葡萄种植产业。

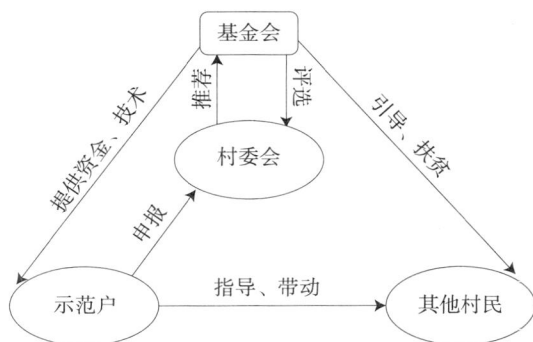

图 2　寺村带动模式示意图

3. 案例分析

【案例一：养猪示范户（规模属于村中中等水平）】

在我们走访的第一户农户家中，我们看到了几间墙壁发黑的猪圈。女主人不到四十岁，看起来心情并不好。当我们迈入她家的时候，女主人便开始向我们讲述自己年前的不幸：春节前，一场大火夺走了她家里五头猪的性命，家里猪的头数也从十头减为了五头。阿姨家里早在基金会来之前便开始养猪，所以也是村里的养猪示范户。基金会去年给她了8头猪仔作为扶持，但是之后并没有培训会和技术指导，这场大火之后也没有相应的扶持。而且由于个体养殖的规模太小，也没有保险作为补偿。

谈起"带动"，阿姨并没有感受到太多直接的作用。作为养猪示范户，她也有"带动"五户甚至更多农户的责任，但是并非强制要求。她也试图说服家里的亲朋好友加入养殖行业，但是据她说："大家都有自己的看法，我们也不能强制别人和我们一样搞养殖。"

【案例二：养羊示范户】

我们走访的第二户是一个典型的"留守家庭"。夫妻俩都有六十多岁，养了4只羊，年初刚刚下了4个羊崽。老两口给儿子看着小孙子，平时孙子都在乡里的托儿所，两个人主要照顾这几只羊。

提起"带动"，这户示范户显得更加茫然了，甚至对这个词显得很陌生。显然，他们对于带动的理解更少。当问及有没有帮助别人发展养殖业的时候，两位老人表示："没有特别地带动过别人加入养殖"。

【案例三：贫困户 + 蔬菜示范户李永良家庭】

姓名年龄：李永良 48

家庭基本情况：低保户。四口人，夫妻加两个儿子（均为19岁），儿子在技校学习，现在家中已经欠债三四万。

李永良患有严重的心脏病，我们见到他的时候他向我们展现了胳膊上已经溃烂化脓的伤口，目前他全身溃烂，据李永良说："这些伤口从来没有好过，县级医院将这个病叫做死人病。"因为他对青霉素等消炎药有反应，所以仅能从县医院开西洛宁（苯磺酸氨氯地平分散片，治疗慢性稳定性心绞痛及变异型心绞痛）缓解病情。1996年至今，治病共花费十多万。妻子罹患心脏病，也需要大量的钱看病。

生产状况：李永良家共有八亩耕地，没有养殖业。基金会补助他耕种了三亩蔬菜（家中剩余的五亩地均种麦）。去年的大旱中由于缺乏灌溉用水和抗旱技术，四亩蔬菜地仅收入四千。"尽管旱了，种蔬菜还是赚钱了。"李永良这样说。他介绍，如果不旱的话一亩可以收成两千元，届时可以共收入六千元。

但是李永良发展种植业时并没有听说过"带动"模式的详细运作情况，对基金会的"带动"指标更无从得知。

4. 问题分析

（1）"带动"评选标准模糊。"带动户"能够享受来自基金会生产材料、技术方面的种种补贴，成为产业带动户无疑成为了寺村的一项福利。然而在评选户时依然存在标准不清的问题。基金会的工作人员介绍说，基金会对示范户的筛选标准为"有爱心"、"有致富积极性"。显然，"有爱心"作为一种道德衡量标准在现实的评选中是很难对比出来的，而"有积极性"更是很难用硬性标准衡量。甚至有可能最终演化为对参选农户家庭经济实力的考量，失去了扶贫的真谛。

（2）基金会对示范户的支持主要着眼于硬件设备和资金援助。在我们走访的很多养殖户中，提起"基金会的帮助"的第一反应都是"猪仔"、"资金"等等，当问及技术层面的帮助时却应者寥寥。足可见，基金会对当地农户的帮助还是局限于硬件和资金方面。农民养殖业的发展壮大需要相关防疫技术、繁殖技术的培训，知识层面的帮助甚至在后期比硬件设施更为重要。

（3）示范户对自身责任领悟不深，缺少硬性指标的约束。选为示范户的农户享受了其他农户不能享受的待遇，按照基金会的设想，他们同样也对身边邻居、亲朋好友有着示范作用。然而，由于缺乏相关的监督和反馈机制，受助农民依然无法理解"带动"的深刻含义，很多农户自从受助以来还从未帮助过周围邻居，一年五户的标准更是难以实现。

（4）示范户成功案例的宣传力度不足，知晓范围局限。村民固守目前已有产业，尚未打开致富思维。基金会进入寺村当地近一年，对数十户村民都有过产业方面的支持和帮助，其中，也有村中原有产业大户在基金会的资助下明显扩大了产业规模。但是，由于多数村民依然不了解养殖、蔬菜致富的模式和成功案例，致使示范户在开展"带动"时无法达到最佳效果。

三、模式二——甘沟村"互助资金"模式

1. 甘沟村互助资金协会简介

资金互助协会是政府在 2006 年提出的一项计划，目的是解决农村发展小额贷款资金的问题，它与农村信用社互为补充，是一个民间性质的小范围贷款机构。协会将农民入会的费用以及政府的补贴作为周转资金，在小范围内对农民发展产业进行贷款援助。甘沟村因为是郭氏基金会在淳化县扶贫的一个试点，所以其协会也有基金会的参与。

协会规定只要是本村村民都可以入会当然首先要村民自愿。村民入会时须向协会交出数额不等的资金作为周转资金，目前来说，有 100 元、500 元以及 1000 元。最开始的时候至少要交 500 元的入会费，支持多投入，后来为了提高协会的入会率和影响力（以及满足上级政府部门的要求），开始允许村民 100 元入会，但是 500 元以上入会的和 100 元入会的会员享受的权利是不同的。交纳资金少于 500 元的农户只能参与两年之后的分红，没有组成联保小组为他人担保的权力，也不能参与贷款环节。交纳资金超过 500 元的农户可以以五户或者三户为单位组成联保小组从协会贷款，责任共同承担。

为了保证资金的借贷有序进行，这 5 户中最多只能有 3 户同时借贷，另外的两户提供还款担保，只能等前 3 户还款之后方能借款。每户每次可以贷款 3000—5000 元，当到了还款的时候则是将利息（基金会称作为资金占用费）和本金一起归还。协会规定贷款的周期为 6 个月，月利率为 0.6%，相比农村信用社（月利率是 1.15%）来说更加方便也更加实惠。一般来说，联保小组自愿组成，但是全体组员得为组内贷款人提供担保，在农村大多都是由亲戚组成，这也是对村民信誉的一个考验，只有平常信誉好的人才容易得到别人的担保，有了担保之后就能减少贷款坏账的问题。如果违约没有按时还贷，导致其余村民不能贷款，可以根据签订的具有法律效益的合同（包括小组成员之间的协议和成员与协会之间的协议）向法院进行起诉。整个互助资金协会运行以村民自愿参与为前提，五户信誉担保为贷款保证，村民自行管理为基础，资金来源包括村民自筹，基金会扶持以及政府补助。

基金会计划在 6 年之后会退出协会，将协会转交给当地政府管理，转交时预期达到的目标是：80% 村民自觉入会；会员思维改变，综合素质提高，操作流程规范，资金运作安全，使用互助资金的用户达到入会数的 80%，基金会资金回收率到达 100%，按时还款率 80% 以上，坏账率小于 5%，资金周转每年稳定在 1.8 次／年。这个目标的制定基本上是为了最后转交的时候能够放心撒手。

2. 甘沟村互助资金协会的现状

2009 年以来政府已经在全县建立起了 30 个资金互助协会，而这其中甘沟村为最早，因为有郭氏基金会的参与所以成为发展的最好的协会。下面就以甘沟村资金互助协会为例来简要介绍一下协会的情况。

自 2009 年 9 月至今，甘沟村互助资金协会共筹集周转资金 272300 元，其中政府投入资金共计 137200 元，基金会投资 100000 元，农户入股资金 35100 元。基金会还提出保证协会流动现金在 100000 元。目前甘沟村总共有 95 户农民参与协会，其中 100 块钱入组的有 25 户（这部分人只是临时凑数而已）应付政府要求，1000 块钱入组的 1 户，剩下的是 500 块钱的入户。2010 年至今，共有 75 户会员共计借贷了 96 次，资金周转率达到了 1.4 次／年。

3. 案例分析

【互助资金协会会计：王春军】

王春军，55 岁，原先在县里的信用社做了 30 年村里的信贷员。现在主业养猪，有 70—80 头猪，家中有 7 口人，有 12—13 亩地，每年年收入在 3.4 万—7.8 万不等。

作为会计，他在协会每年工资为 900 元，就他而言，那 900 块钱的工资有点低，所以他希望能增加工资，而且还说协会任务众多，工作量十分大，自己付出和收获不对等。

【甘沟村养猪户：全工业】

全工业是甘沟村有名的养猪大户，有着丰富的养猪经验，在采访中我们了解到，他在 1996 年就开始养猪，一开始规模较小，但是随后不断增大，直到去年 2011 年饲养的生猪出栏就达到了 280 头，年收入在 10 万元以上。陪同我们一起访问的会计说，10 万元都还是一个保守的估计。全工业在 1996 年从窑洞里搬了出来，之后就一直养猪，目前家里面还有

100 头猪在栏，家里面有一儿一女，女儿在上卫校，儿子上初三。关于协会和合作社他说"只要对养猪有利就会加入"，所以他也是协会的一员，到目前为止，他总共贷了两次款，共计 8000 元。全工业对资金互助协会很有好感，他说："即便是规模养殖业会有资金周转困难的时候，互助资金还是有一定作用的。"

【住在窑洞的特困户】

在甘沟村的第二天，我们了解到一户住在窑洞里的贫困户一家，男主人姓王，目前家中有 7 口人，包括妻子和两个儿子，一个弟弟以及年老的父母亲。因为父母有病不便移动，所以全家没有搬迁到村子的新房区，他说自己也想搬出去，但是无奈没有钱，目前只能住在窑洞里。他家中养了 30 多头猪，也是一个有经验的养猪户。在了解协会之后他就入了由 7 户组成的联保小组，希望能借到贷款以进一步发展。但是目前遇到的一个问题就是他现在很需要资金，但是因为联保小组内已经有第一批人借款，目前还有 4000 元没有还。所以他就不能向协会借款，即使他现在很需要钱来发展。

4. 甘沟村互助协会优势及问题分析

（1）甘沟村资金互助协会的特色优势。

第一，资金量充足，能有足够的贷款保证。

甘沟村的资金互助协会除了村民自筹以及政府补助之外，还有额外的来自郭氏基金会的资金注入，所以一开始资金就较为充足。除此之外，淳化基金会刘主任介绍，基金会还承诺保证协会账面上的资金多于五万，一旦不足，基金会就会及时注入资金以保证正常贷款。

第二，管理严格有序，有一定的监督机制。

会计培训：基金会加入之后，派遣了基金会的会计到达甘沟村对协会会计进行了专门的财务培训。并且农民在借款的时候需要经过基金会的审核，加盖基金会的盖章之后方可借款。

借款公示制度：甘沟村资金互助协会规定，甘村民借钱之前须公示名单 7 天，并且需要提前说明生产用的目的，从借钱到审批总共十几天即可完成，需要提前 1 个月申报，以便基金会做预算。在这期间村民可以监督借款人是否把资金用于产业建设，如果有问题村民可以向协会举报。

基金会回访与座谈：淳化基金会参与协会之后，会定期地派产业主管和会计来到甘沟村，与协会的会员以及协会的管理人员进行会谈，了解协会的运行情况和遇到的一些问题，基金会适时帮助解决。

第三，宣传力度和方式较为多样。

甘沟村的互助资金协会宣传时除了有协会的宣传渠道之外，基金会也投入资金帮助宣传推介，这样宣传力度就比其他协会要强很多。与此同时，基金会还将帮扶贫困与加入协会联系起来，在帮扶有能力发展产业的贫困农民时，鼓励他们加入互助资金协会以寻求进一步发展。

（2）互助资金协会存在的一些问题以及建议

第一，覆盖面太窄，参与协会人数少。

甘沟村作为淳化县中比较大的一个村，目前有住户495户，而参与资金互助协会的只有95户，连总人口的1/4都不到。有的农民参与进来不为贷款，只为分红。这样的话互助资金协会在全村范围来说起到的作用就有了一定的局限性。

分析：覆盖率小主要是村民参与的积极性不高，可能有这几个方面的原因。①农民思想守旧，还不能认识到集体互助的优势，仍旧停留在一家一户的小农经济状态。②互助资金协会宣传不够，在我们采访中了解到一些村民还根本不知道有这么一个协会的存在，就算是知道也没有几个能说清楚的，试问这样的话农民怎么肯花钱入会。③目前还不需要这么大的资金，这一点可能是最直接的，需求源自产业，目前还是以小农经济为主的甘沟村不需要外界的太多资助，都是自给自足。

建议：①在宣传上加大力度，可以进一步改变宣传的形式，找到适合农村宣传的有效方法。比如就有些农民爱占小便宜这一点就可以以有奖宣传的形式扩大宣传，可以在宣传现场发放一些生活用品，进行协会知识有奖问答等等。②将互助资金协会和文化素质提高教育等其他相关宣传相结合，让农民有更多的机会接触到协会这一项目。③增大农村对资金的需求，这一点的话可以加大对农村产业的扶持力度，尽快帮助农民建立自己的产业项目，有了产业项目就有了资金的需求，就自然能增加入会人数。

第二，联保小组之间不够协调，导致资金借贷不平衡。

互助资金协会规定，联保的五户中一次只有三户能借款，其余两户只有等前三户将贷款还完之后才能借贷。而在农村，因为耕作时间相近，基本上对资金的需求都在同一个时期，这样就导致了有的农民需要借贷时会因为小组其他成员没有还款而不能借贷。

分析：这个问题的原因是小组成员之间缺乏相应的协调，在借贷的时候只顾担保签字，而没有考虑联保的五户中贷款的轻重缓急，也没有在借贷之前提前商量好借贷顺序和保证下一户能借贷的还款日期。

建议：协会在确定联保小组的时候就可以强调小组协调这一问题，让联保小组成员在分组的时候就有所准备，基金会也可以举行相关问题的座谈，规范联保小组之间的协调问题，建议联保小组在每次借贷之前都召开一个小小的协调会议，以帮助他们自觉形成协调机制。

第三，管理人员工作量大但是待遇低。

目前，协会的管理人员有理事长，会计和出纳，管理人员负责协会的管理和运作。理事长一年的工资是 1000 元，会计和出纳各 900 元。我们在采访中了解到，甘沟村目前的理事长是村里的老支书，他在出任协会理事长之前的收入要远远高于 1000 元，对管理人员来说，这份工作更像是在做一份公益事业。

分析：总资金规模小和借贷款数不多是产生这个问题的主要原因，因为协会规定，管理人员的工资是由借贷的利息（也就是资金占用费）来支付的。工资的多少直接取决于一年下来贷款利息收入的多少，利息越多，工资也就也越高。

建议：进一步扩大协会的规模，增加周转资金以提高贷款数目，以达到增加利息收入的目的。将工资多少与工作量的大小相挂钩，在前期资金规模较小的时候请求基金会予以补贴，当协会资金扩大的时候在交由协会自行承担。

四、结论

短短七天的时间我们所能够看到的只是产业扶贫的两个角度，扶贫的内涵，包括了教育、医疗、卫生、产业、水利等等诸多方面。就调研的初步结果来看，郭氏基金会的产业扶贫思路体现了"授人以渔"与"村民自助"的理念，明显区别于传统以资金扶贫的方式，也有很多值得学习的经验。当然，其中也不乏由于村民参与程度低而引起的问题，不过瑕不掩瑜，NGO 参与下的产业扶贫仍展现出其特有的生机与活力。

从长远来看，农村的发展依然是中国当代紧迫而关键的话题，对农民的扶持也理应是国家、社会团体、社会个人关注的重点。

第五编

百行百业——劳动者篇

清华学子在基层

——江苏省清华村官工作情况的考察报告

黄　磊

一、导言

大学生村官是指到农村（含社区）担任村党支部书记、村委会主任助理或其他村"两委"职务的具有大专以上学历的应届或往届大学毕业生。工作多为社区（村）事务。

大学生村官政策的萌芽，可以追溯到1995年江苏省丰县的"雏鹰工程"，1995年，为解决"三农"问题，江苏省率先开始招聘大学生担任农村基层干部。

2005年7月，中央办公厅、国务院办公厅下发《关于引导和鼓励高校毕业生面向基层就业的意见》；2006年2月，中央组织部、人事部、教育部等八部委下发通知，联合组织开展高校毕业生到农村基层从事支教、支农、支医和扶贫工作。此后，大学生"村官"工作进入大范围试验阶段。

2008年3月，中央组织部会同教育部、财政部、人力资源和社会保障部召开选聘高校毕业生到农村任职工作座谈会，部署选聘高校毕业生到农村任职工作，大学生"村官"工作进入一个全面发展时期。

大学生"村官"到农村基层工作以后，充分利用自己的所学和特长，积极为建设农村、服务农民、发展农业作出贡献，同时自身也得到了锻炼和提高，成为新农村建设的骨干力量。

清华一直倡导"国家至上，事业为先，立大志、入主流、上大舞台、成大事业"的择业观，鼓励学生"到西部去，到基层去，到祖国最需要的地方去"。不少清华学子放弃了都市的繁华，甘愿到农村、社区去施展自己的才华。那他们在基层发展得怎么样？笔者利用寒假，与另外 1 名博士生、5 名研究生一起，走访了江苏 8 个城市，与当地在基层工作的校友（包括公务员、选调生、引进人才、村官等）进行了交流。这里仅就进行村官工作的校友进行一个整理。

二、江苏清华村官发展情况考察记录

1. 南京栖霞区西花村

十八大上胡锦涛同志与石磊的一番关于大学生村官的问答让石磊成了名人，而江苏省最年轻的正处级干部更是把他推到了风口浪尖。

石磊 16 岁时考取清华大学精密仪表仪器专业，经江苏省委组织部大学生村官选聘，被录用为南京市的一名村官。

石磊是个非常实在的人，他对基层有一套自己的看法。

他说在基层公共部门工作，是一种完全不一样的体验。整天和群众打交道，接触的是市井社会。所以来基层工作，最重要的是了解社会，知道老百姓需要什么。让老百姓生活不再困难，是我们青年人的责任。

当村官会遇到很多困难，比如，老村干部的行为习惯与年轻人不投，我们要保持自己的本色，不能沾染官场恶习；空谈、指指点点的人太多，专注于解决问题的人太少；地方势力错综复杂，拆除违建时工作进行不下去等。石磊直言，年轻人遇到这些是一种幸运，这也是村官的魅力所在，吃苦和经受困难也是一种幸福。

2. 南京仙林大学城仙林新村

周景云是 2012 年刚刚从电子系毕业的清华本科生，现在在仙林新村做社区主任助理。

仙林新区是一个比较敏感的社区。社区内大多是 2003 年以前的拆迁户，问题十分复杂。2003 年以前的拆迁不像现在，不仅给房子还有很多补偿款，成了"致富捷径"，在当时很多老百姓失去土地，分的房子又小，又没有合适的补偿款，因此生活十分困难。仙林新村因为靠近南京仙林大学城，很多居民在大学城当保洁保安，或者搞私人住宿，或者开黑车，整个仙林新村鱼龙混杂，治安问题很凸显。仙林新村 1600 多户居民中有

400 多户困难户，达到了 1/4。

仙林新村书记向我们直言："大规模解决很困难，基本是来一个先稳住一个，先拖着，或者办个低保。经常有生活实在太困难的居民带着同族的人来社区吵闹，甚至打砸。可说到底是我们对不起老百姓。"

周景云告诉我们他来到仙林新村后和大学城内的多所大学联系，组织了一个志愿者团队，为社区内生活困难的老人提供帮助，为孩子们提供免费家教。

3. 南京雨花区丁墙社区

段典达毕业于清华自动化系，2012 年 7 月底到南京市雨花区组织部报道，8—9 月在永安板桥进行初任实践锻炼。主要工作是挖地、种菜、养鱼和喂猪，是所谓让大学生们"接地气"。段典达家在云南，对农村生活不是很陌生。在做农活的间隙他还通过微博直博他们的劳动生活，引起了不错的社会反响。

国庆后段典达到丁墙社区报道，主要负责经济工作。社区的经济工作主要是统计和引进项目。统计工作很复杂，商铺不一定愿意告诉你真实情况，需要和对方打好交道，搞好关系。

丁强社区是村改居社区，村民拆迁之前已打工为主，所以拆迁失去土地不会使他们失去工作，所以矛盾不大。段典达表示基层工作看似简单，其实有大文章。

4. 扬州广陵开发区

王玉龙是 2009 年清华精仪系的本科毕业生。毕业后就来到扬州担任大学生村官，在校期间，他是一个比较"宅"的男生，没有担任过学生干部，来江苏当村官也是在江苏省到学校宣讲后才决定的，之前他并没有明确的从业意向，只是自我感觉不是特别想从事专业方面的工作，而且本身是在农村长大的，对基层有着深厚的感情，加之江苏省的经济社会十分发达，就决心扎根基层。当地组织部根据他的情况安排他在广陵开发区做书记助理。对于基层工作，王玉龙说：上面千头线，下面一根针。他觉得自己目前的工作很琐碎，基本是领导指哪打哪。王玉龙笑言来基层这两年没有太大的成就，但广陵开发区的杨书记说王玉龙甘于寂寞的坚守，本身就是一种莫大的成就，他有一种把自己放在基层的情怀，而不是把这里当做一块跳板，一个临时的过渡，而是踏踏实实地在基层锻炼成长，并为基层的老百姓服务。

王玉龙觉得清华的身份给自己带来更多的关注，但也让自己压力更大。有人觉得清华的人做村官做不长，所以不会大力培养。来做村官就要扔掉清华的背景。

5. 扬州江都区仙女镇

李伟，山东人，清华法学硕士。

2009年秋冬之交，钱学森去世，李伟和同学去悼念钱学森，在地铁4号线上，他看到这样一个广告："我爱强大的祖国"，李伟心想：全面建成小康社会，农民不能缺席。我们作为清华的学生要从口号的倡导者变成实践者，所以当时他选择了来基层工作。

刚来到扬州时，李伟先在横沟村任党支部副书记，和众多外地的大学生村官一样，语言是第一关。到村里之后，李伟学长经常走街串巷，走访当地的老百姓，和当地的百姓熟悉，并努力熟悉学习当地方言。

李伟说：农村工作最锻炼人，群众上访，矛盾调处，拆迁等等，各个条口的工作都涉及。李伟还自己总结了一套工作经：村支书做好三点：一是带队伍，一个好的团结的领导班子非常重要，大家心往一处想，劲往一处使，才能谋好村子的发展；二是村级创收，江都已经全面达小康，比较富裕，村民对公共事业要求较高，如休闲广场，医疗服务，道路硬化，道路亮化，这无疑需要大量的资金。但是县乡财力有限，能够从上面争取的资源不是很多，主要还要靠村子里面自力更生；三是民生工作，群众基础很重要。村干部要了解村民，村里哪些是困难户，哪家有在外能人，都要知道。

李伟对自己也有要求，总结起来是三个"不"：不着急，不功利，不腐败。李伟说：当干部就是要理直气壮，我们就是来为民服务的。

李伟也是大学生村官创业的典型，当时有位养蜂的企业老板来村里复印材料，谈到资金问题和销量上不去，李伟就想着帮他解决，李伟通过蜂产品对接超市，去展销会，贷款等方式为企业创收。

李伟说创业不是他的本职，大学生村官更多的应该是帮助创业而不是自己创业。

三、清华人在基层的特点

1. 抱团

清华的学生彼此之间认同感很强，愿意互帮互助，这也许与在学校培养的合作意识有关。

表1　与江苏清华校友的平均交往频率

选项	小计	比例
每周多次	0	0%
每周一次	4	19.05%
每月一次	7	33.33%
其他	10	47.62%
本题有效填写人次	21	

校友说虽然没有固定时间与校友交流，但彼此之间常常互相帮助。周景云在社区搞周末免费家教时，韩波每周都从另一个街道赶来帮忙。

2. 行胜于言

校友们在基层也一直践行着清华"行胜于言"的校风。扬州广陵开发区的杨书记就向我们夸赞王玉龙"踏实、肯干事，工作交给他很放心"，但杨书记也说王玉龙"是典型工科男，不爱说话，太宅了"，这也是很多在基层的校友、尤其是清华工科男存在的情况：做事很好，但不爱表达。

表2　基层工作能力提高需求

选项	平均综合得分
沟通协调能力	4.81
组织领导能力	3.48
演说讲话能力	3.38
疑难问题处理能力	3.29
文书写作能力	2.9
其他	0

四、好村官必需的品质

1. 语言表达

在与石磊校友交谈的过程中，我们明显感觉到他说话时给人的感觉很特别。他说话时语言直白但又温和，给人如沐春风之感。石磊说当村官语言表达能力很重要，你要说让老百姓听得懂的话，说话要有思路和思想，有高度、深度、角度，光靠华丽的辞藻没有用。石磊说他在参加完十八大回到村里，村民问他十八大究竟讲了些什么，石磊答道："十八大概括起来就一句话：'我们好好过日子，党和国家创造一切条件让我们过好日子'。"这样的语言老百姓才能接受，一些假大空就不要说，说的话先问问自己相不相信，如果自己都不能相信，怎么让老百姓相信？

表 3　影响大学生村官 / 选调生发展的自身条件

选项	平均综合得分
人际交往能力	4.57
性格	3.86
办事风格、习惯	3.43
理论知识与专业技能	2.95
智商	1.52
其他	0.29

2. 有心人

在与扬州组织部门的交谈中，组织部门的领导对村官李伟（现在是江都团区委副书记，但主要工作还在村里）赞不绝口，说他是个有心人。裴处长说："有一次一个山西老板在我们这里做客，李伟正好来办点事，就和那位老板聊上了，然后居然就把人家带到了他们村子里参观。最后谈成了一个引进项目。"李伟有一本通讯录，记录了村里在外能人的联系方式。村里要搞什么公共项目，一般政府会出一部分资金，其他的要村里自己来筹集，李伟就会去找这些在外能人"化缘"，希望他们能为家乡发展做一些贡献，这个方法的效果还是很好的。

五、苏南苏北差异①

对于大学生村官，苏南城市普遍较为平淡，苏北则注重宣传，比如宿迁对于大学生村官大力宣传，打造典型，苏北城市也巧妙借助大学生村官创业的政策让创业项目"遍地开花"；人才培养模式不同，苏北城市摆出了"筑巢引凤"的姿态招贤纳士，条件优越，领导重视，宣传到位，宿迁市委组织部一位负责人曾说，后备领导干部就要走特殊路线，快速甚至越级提拔年轻干部，充分满足年轻干部的锻炼要求。相比之下，苏南地区的干部培养显得按部就班，更加踏实的锻炼晋升渠道从长远来看或许也是一条更具操作性的路子。而在苏州相城区做团区委副书记的蒋妍师姐告诉我们，苏南地区的领导学历、能力、资历一样也不差，后生晚辈经验不足，资历尚浅，必须多磨炼。

六、一些问题

1. 慎重选择

为何来到基层当一名村官？我想有些同学的最初动机可能是因为江苏省大学生村官的优厚政策，有待遇有保障。但也有不少同学们确实是希望在基层为老百姓做些事情，得到锻炼，比如清华的几位校友千里迢迢来到异乡，放弃了北上广的高工资和优越生活。但必须直视的是，大学生村官之间的适应能力是不同的，他们有的人很快就能与当地干部、居民打成一片。一方面是他们性格、能力使然，也和前期在物质、心理等方面的准备有很大关系，因为有的人决心当一名村官仅仅是凭借着自己的一时热血，仅仅是因为盲从了政治明星的光芒，应该说他们的选择没有经过各方面的对比考量，更为糟糕的是他们的准备也是那样的不以为然或者漫不经心，结果来到基层的战场就被它的飞沙走石和大风暴雨给震慑住了，一头雾水，无所适从。

---

① 笔者是调研支队苏南（南京、扬州、镇江、常州、苏州）分队成员，本部分信息通过与苏北（南通、盐城、宿迁）分队成员交流获得。

表4　哪些因素促使您成为一名大学生村官/选调生

选项	小计	比例
在基层为老百姓办实事，实现自己的理想抱负	17	80.95%
从基层成长，锻炼价值大	20	95.24%
村官/选调生的身份考取公务员更为容易	1	4.76%
村官/选调生受领导、组织部重视程度高，晋升渠道畅通	5	23.81%
不喜欢从事自己专业相关工作，而村官/选调生是不错选择	6	28.57%
能够更好地利用自己名牌大学毕业生的名校优势	1	4.76%
在校期间受媒体、学校院系、同学们等的引导影响	1	4.76%
就业形势严峻，村官/选调生稳定有保障	0	0%
本题有效填写人次	21	

表5　来江苏工作之前对于江苏大学生村官/选调生政策等情况的了解程度

选项	小计	比例
很多	1	4.76%
较多	8	38.1%
一般	11	52.38%
很少	1	4.76%
本题有效填写人次	21	

2. 清华身份的困境

（1）清华水平

基层工作的至关重要性毫无疑问，清华学子踏上主流舞台承担社会责任当仁不让，但基层工作是否非要清华毕业生不可？选择基层的清华学子是否都适合基层之路？反观自己的内心，评价自己是否真的适合基层？是否基层能让个人价值最大化的实现？

通过调研，我们发现，有的清华校友在村官岗位上确实做得很好，他们造福一村，给农村或是社区带来了全新的风貌，给基层干部群体带来了一股清新之风。很多清华校友表示村官工作杂且琐碎，很能锻炼人，是一种完全不一样的体验，整天和群众打交道，接触的是市井社会。所以来基层工作，最重要的是了解社会，知道老百姓需要什么。让老百姓生活不再困难，是我们青年人的责任。在村官岗位上你能接触各个口的工作，调解纠纷、村里创收、拆迁等等。所以有人说村官是"小巷总理"，在这里你可以与群众打交道，知道他们需要什么，上面的政策如何落实到群众，群众反映好不好，村官都是最先知道的人。基层是传感器，感知群众，传递信息。而且，清华学生当然希望自己能够服务与更多的人，希望能从宏观上把控全局，所以村官也许只是开始，但可能不是终点。村官的经历会帮助他们在今后的工作中更接地气，能想民之所想，真正做到为人民服务。

（2）双刃剑

对于清华身份，很多校友说这是一把双刃剑：清华名气大，领导重视，居民认可。同时压力也大，工作做得好是应该的，做不好会产生很坏的影响，比如一些比较消极的同事会觉得你清华的都做不好，那么我们也是有理由做不好的。

有校友说来做村官就要扔掉清华的背景。部分校友表示希望清华给予帮助，希望与学校校友互相交流。同时他们也说，离开母校更多的还是要靠自己。诚然，清华的光环笼罩着他们，足以让他们此生感到骄傲和自豪，但是基层群众对清华毕业生的期待也是很高的，不少校友反应，刚工作时当地的群众很多认为清华毕业生是去镀金的，不会长久扎根基层。对于这种看法，他们认为，只有沉得下心来，踏实工作，作出成绩来，才能赢得当地干部群众的支持和认可。

表 6　希望学校提供的帮助

选项	小计	比例
返回母校参加校友聚会	5	23.81%
参加母校培训学习	13	61.9%
配备校内导师	8	38.1%
提供企业家资源	12	57.14%
开展年度优秀基层工作校友评选	5	23.81%
其他	4	19.05%
本题有效填写人次	21	

校友们都说，一定要放低姿态，在基层工作还有很多地方需要学习，

如果位置摆不正，可能就会逐渐与自己工作的环境、同事相脱离。校友马伟告诉我们："基层工作更多的是靠传统，要多向领导学习，领导们的经验都很丰富，处理复杂的问题还是要多在工作中学习，在实践中学习，有些知识很难在学校中学到。服务群众既困难又容易，因为跟村民讲道理一般是很难讲通的，但是村民们的要求并不是很高，只要做好了，很容易得到他们的支持和拥护。"的确，以谦虚的态度全方位学习才能不断进步，秉着服务为民的宗旨倾听百姓心声才能实现个人价值。

3. 升职

表7　大学生村官 / 选调生在提拔任用中的制约因素

选项	平均综合得分
入职时间短，资历尚浅	4.1
基层经验欠缺，能力不足	2.57
难以作出工作成绩	2.05
其他干部对于村官 / 选调生有抵触排斥情绪	1.29
其他	0.24

从问卷调查结果来看，"入职时间短，资历尚浅"这一因素得分最高，这一选项得分最高的原因在于被调查的村官 / 选调生中绝大部分都是工作在三年以内，其中不少是2012年刚刚参加工作的校友。在中国，虽然大力提倡提拔年轻干部，但在现实中，论资排辈的现象仍很常见，像石磊这样能够快速提拔的毕竟还是少数。第二位因素是"基层经验欠缺，能力不足"，校友所处的基层环境各不相同，极具复杂性，有在安置拆迁社区的、有在沿江经济开发区的、有在商品房社区的，作为刚刚踏入社会短短几年的校友，应对基层环境的复杂性尚需时日。能适应并驾驭基层的同志即使调整到其他的工作岗位也能很快进入角色。有位校友感叹："走进基层才知道，真正的基层和我们想象中的完全不一样。"在基层，处处皆学问，处处考能力。石磊说他刚来基层时，有一次老书记让他打电话去问一个数据，可在电话里石磊和对方说了半天也没问清楚，而老书记一个电话、几句话就问得清清楚楚。有时候，刚出校门的学生难免眼高手低。清华学生平时更为关注的是学习、是学分，对于一些综合能力的培养有所忽视，有位校友说他刚来基层时，不知道进门要敲门，不知道来了人要先请别人坐

下来，给别人倒杯茶。这些基本礼仪的缺失有校友自身的原因，也有学校培养的原因。有不少校友都有在学校担任社会工作的经验，这相比与没有做过类似工作的校友要占一定优势，但校友也反映，在学校做社工和在社会上工作是完全不一样的体验。第三位因素"难以做出工作成绩"，这主要在于基层校友入职时间短和基层经验不足所产生的连带结果。"其他干部对于村官/选调生有抵触排斥情绪"，这一因素在备选因素中排位最末，但这一现象仍然存在，很多人认为清华学生来基层只是来镀金的，根本干不长，会有一些消极情绪。

七、结语

校友陈威涛告诉我们，他以三句话鞭策自己，第一句是志不强者智不达；第二句是今我何功德？曾不事农桑。吏禄三百石，岁晏有余粮；第三句是看核仁义，闻道日肥。服膺守善心无违，海能卑下众水归。这三句话是陈威涛校友在基层工作的体悟，他送给了有志服务基层的同学，希望我们能够从中有所收获。

他们每个人都站在舞台上，舞台有时候确实非常小，但灯火通明，台下有越来越多的观众，他们时刻准备抱以期待和掌声。

北京六郎庄地区"蚁族"群体生存现状调研报告

仟　超　曾智阳　肖天颖　李　想　程美华

一、引言

1. 调研背景

自"蚁族"一词浮出水面，就受到社会各界的广泛关注，作为大学生群体的我们也不例外。"蚁族"大多是80后90后，10年20年之后他们将是国家的支柱，他们的精神就是未来几十年内国家的精神，如今，他们在社会中扮演着怎样的角色？在社会发展的浪潮中他们又将何去何从？他们真实的生存状况又是怎样的？带着这些疑问，我们对海淀区六朗庄、八家村两地进行深入调研，切实感受"蚁族"的生存现状。六郎庄与八家村均为典型的"京蚁"聚居地，六郎庄更是被认为有可能成为第二个"唐家岭"。

2. 调研目的

本次调研旨在亲身感受"蚁族"大学生的生存现状，分析"蚁族"的典型特点，总结"蚁族"能给在校大学生的启示，探讨政府、社会以及"蚁族"自身针对"蚁族"问题需要采取的对策。

3. 调研方法及对象

以实地采访、调查问卷为主，结合网络、报刊、书籍等媒介广泛收集资料。

受访对象为六郎庄、八家村地区房主以及"蚁族"租户。

二、六郎庄"蚁族"生活工作总体情况

六郎庄村在北京海淀区西南，西临昆明湖路，距颐和园东墙约半里，村南有六郎庄路。离繁华的中关村仅有两公里多，走路大概需要 30 分钟。村中的房租从 400 到 600 元不等。由于特殊的地理位置与廉价的房屋出租，六郎庄成为中关村各行各业打工者们的首选居住地，是继唐家岭之后，又一大"蚁族"聚居地。现阶段该村有五万多人，其中 80% 左右为非本村人口。

该村建筑几乎都是为出租而修建的群租楼，小则十来间，大至几十上百间。卫生间、洗漱间均属公用，甚至没有。尽管居住条件十分简陋，这里的出租屋还是供不应求。

实地访谈中我们发现一座比较特别的楼——五间楼 47 号。进一步了解发现，它不算是最大的出租楼，但却是这里最有名的一栋，楼外有闪烁的霓虹"包装"，并设门禁刷卡入楼，楼内有男女分用的浴室并且是刷卡消费，10 分钟 1 元钱。夏天到来时，房主每晚都在楼下的树林边摆出啤酒夜市、放起露天电影，为楼上以及周边的租户营造出一个夜间休闲的生活场所。这栋楼里大约有百间出租屋，共居住了几百人，每天晚上这里都极具生活气息。

通过走访六郎庄"蚁族"聚居地，我们了解了"蚁族"的生存状况，亲身体验了他们的生活条件。

1. 基本生活条件

（1）住房

"蚁族"大都居住在月租四百元到六百元的聚居村里。随着中央相关政策的出台，唐家岭等几个重要的"蚁族"聚居村已经相继拆迁，并有些规划为公租房建设。但是这并没有改变低收入大学生群体的基本生活条件，他们依然分布在北京其他的聚居村里，有的也住在零散的出租屋里，依然是低廉的房租，较差的住房条件。

以我们调研的六郎庄为例。根据以上图表分析可知，"蚁族"的人均居住房面积大部分在 10—20 平米 / 人，而我国的人均住房面积约为 30 平方米（数据来源于住建部）。由此可见，蚁族人均住房面积偏低，与我们

11%
40平米以上

7%
5—10平米

26%
20—40平米

56%
10—20平米

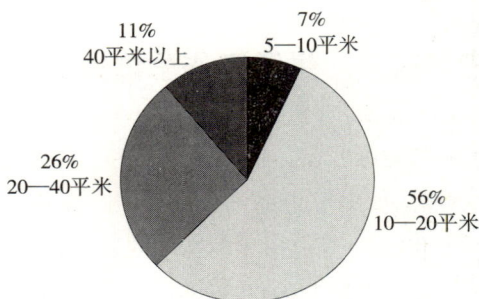

图 1　人均住房面积统计图

所得知的其"聚居"特性相吻合。大部分"蚁族"选择聚居方式是为了减轻房租的负担。

（2）饮食

访谈中我们发现，低收入大学生们的饭食都很简单，且每天两顿是常事。很多人下班之后直接在外面的小地摊吃些东西或回住处吃方便面，自己做饭比较少，偶尔去朋友那边吃。村中饭店大多规模小而破，卫生条件令人担忧。

（3）娱乐与信息获取

对于这部分大学生们来说，娱乐是一件奢侈品。通过问卷我们发现，平时工作压力大，生活节奏快，经常身心俱疲，用手机上上网聊聊天是他们最重要的娱乐方式。周末时打打游戏也是一大选择，而女生们则喜欢窝在屋里看看韩剧、台剧，或者找朋友一起逛街。大部分"蚁族"大学生自己有电脑。另外，一个比较特别的情况是，六郎庄里白天几乎没什么人出没，晚上却是喧闹的海洋，六郎庄里的五间楼 47 号就为房客们提供了各

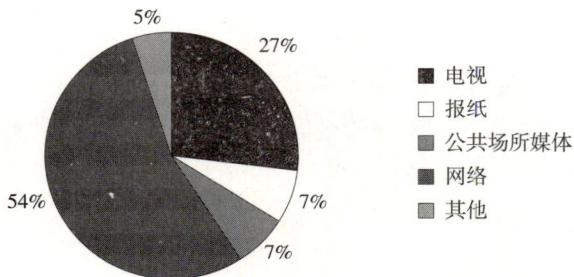

5%

27%

54%

7%

7%

■ 电视
□ 报纸
■ 公共场所媒体
■ 网络
■ 其他

图 2　信息获取方式统计图

种夜晚的娱乐设施,比如台球,露天电影等,这些都为"蚁族"们的生活增加了不少娱乐休闲方式。

另一方面,在我们的问卷调查中发现,"蚁族"大学生们信息获取的方式主要是网络,这一方面是由于他们多数拥有自己的电脑,另一方面也与网络的高速发展有关。他们虽然是低收入群体,但同时也是一批积极活跃的网民。

(4)穿着

在调查中我们发现,虽然"蚁族"大学生群体的收入不高,但是他们大多穿着自信,干净得体,还有一些穿着较为名贵服装的年轻人。服饰衣着也反映了这个群体整体自尊自信的精神面貌。

2. 工作状况

(1)工作性质

调查数据显示,这些刚毕业的"蚁族"大学生们主要从事保险推销、电子器材销售、广告营销、餐饮服务等门槛低的临时性工作,有的甚至处于失业半失业状态;平均月收入低于两千元,绝大多数没有"三险"和劳动合同。

(2)工作收入分配

对于大部分"蚁族"大学生而言,1500—2000元的月收入,在北京地区只能让他们勉强度日。在调查中我们发现,有24%的"蚁族"将收入的一半以上用于租房和吃饭,52%的蚁族将收入的1/3至1/2用于房租和吃饭。同时,在访谈中我们发现,有很多"蚁族"能把每月工资的一部分存起来留作日后其他用途或寄回家补贴家用。总体来说,这些低收入大

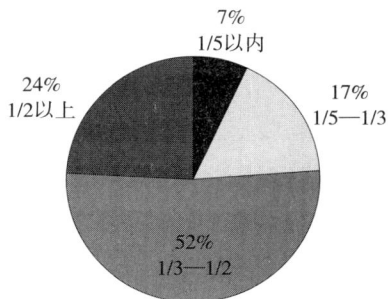

7%
1/5以内

17%
1/5—1/3

24%
1/2以上

52%
1/3—1/2

图3 吃饭与房租开支占月收入百分比统计图

学生群体的月收入大多用于生存需要和补贴家用，极少用于生活质量的提高，这与当代大学生越来越追求生活质量的提高是相悖的，但同时这也是"蚁族"群体的无奈与辛酸。

3. 心理状况

调查过程中，我们让每一位受访者对自己目前生活状态（包括物质、精神方面）满意度、对未来的期望值打分，满分为10分，得到的结果如下图显示，图中横坐标代表所打的分数（10分制），纵坐标表示打这个分数的人数，蓝色表示对目前生活状态的满意度，红色表示对未来的期望值。

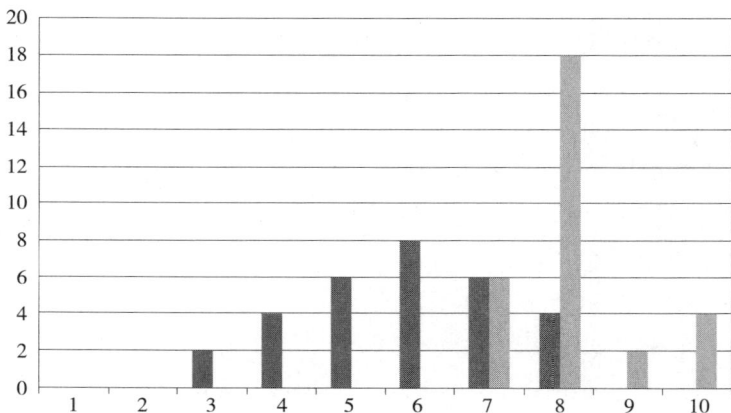

图4　心理状况

从图4中可以看出大家对自己的目前生活的满意度打分呈现出正态分布，打6分的人最多，反映出"蚁族"对自己的生活状况不甚满意。对未来的期望打8分的最多，有少数人打满分，可见他们对自己的未来期望值较高。

对那些与我们交谈的蚁族进行归纳，发现他们的心理有几个典型特征：刚上班时的紧张、小富即安的淡定、面对突发情况的无奈、愧对家人的自责、对未来憧憬的雄心。

（1）刚上班时的紧张

刚毕业工作不到半年的打工族面对工作还是比较紧张的，从学校走出来的他们很害怕工作中出现失误而受到老板的批评甚至掉饭碗。所以刚刚踏上工作岗位的他们觉得自己在工作中战战兢兢小心翼翼，也有人认为这影响了他们工作水平的发挥。

（2）小富即安的淡定

在我们的调查中，有一对已有小孩的"蚁族"夫妇，两人都来自农村。大学毕业后一直留京奋斗，小孩则留在家中由父母抚养。在调查过程中，女主人一直聊得很开心，我们可以感受到他们的乐观，他们说："虽然没有自己的房子，但是我们过得很幸福。"

（3）面对突发情况的无奈

那对乐观的夫妻还说，假如现在家人生个大病自己也没办法，靠现在的工资只能养活自己，要想有存款根本不可能。不仅仅是这个家庭，在调查中我们普遍感觉，蚁族的生活很脆弱，即使可以暂时过得有滋有味，终究经不起大的风浪。

（4）愧对家人的自责

依然是那对夫妇，当被我们问及小孩的上学情况时，显得有些无奈。他们说挺对不起自己的孩子，虽然父母都在城市但不能给孩子城市小孩的生活，更别说享受城市小孩一样的教育资源。而且小两口每个月只能给孩子寄去一点微薄的生活费，这让他们感觉不仅对不起孩子，也对不起家中节衣缩食的两位老人。

（5）憧憬未来的雄心

厦门大学毕业生韩某毕业两年内已换过好几份工作，他与朋友合租了一间600块钱的房子，女朋友在福州，采访中他坦言：近期只想做好自己的工作，现在还不会去考虑房子和车，这方面的压力相对小些，因此心理压力相对小些。但是他对未来充满了信心，他的座右铭是：面包会有的，牛奶也会有的，一切都会好起来的。

三、走访房主以及大学生租户情况

1. 房主的经济账

我们在六郎庄进行走访的时候，遇到了一位热心的王姓房主，说起六郎庄的"城中村"，她给我们算起了她家这出租房的一笔账。

房主的出租房刚好处于绿化隔离带上，虽然听说要拆迁，村里也贴了告示，但是迟迟不来，所以她家也和其他建了出租房的家庭一样，一边等待着拆迁的消息，一边在宅基地上私自加盖起出租房来，一盖就盖了四层。一层为自己居住，上面三层全隔成10平方米左右的小间用于出租，每层70平方米有6间小屋子。她告诉我们，这出租房往往都是供不应求，极大地提高了家庭的收入。

根据她的描述，我们为其出租房算了一笔账：

盖房投入：4层×70平方米/层×700元/平方米＝196000元

配套设施（热水器、简易床、桌子等）：10000元

总投入：206000元

房租收入：480元/间×6间/层×3层×12月＝103680元

上网收入：（18间×50元/间－120元包月费）×12月＝9360元

洗澡收入：5元/天×18人×180天＝16200元

一年进账：129240元。

综合以上方面，可以说两年左右的时间就可以回本。虽然房主对自家出租房情况非常满意，但同时他也流露出不少担心，"听说唐家岭已经拆了，指不定哪天我们这儿也要拆了，而且村里已经贴出了告示。"

2."蚁族"大学生情侣眼中的六郎庄生活：艰难而不失希望

钟某和林某是六郎庄里的一对"蚁族"大学生情侣。当我们和房主攀谈的时候，看到二层一间房内有一男一女坐在砖头搭建起的木板床边，室内除了一些必备的设施，没有风扇，没有暖气，床上堆满了乱七八糟的衣服。经过他们的允许，我们进入房间和他们交流起来。

刚开始时，两人还比较羞涩，但是随着交谈的深入，他们慢慢放开了戒心，说起住在这儿的酸甜苦辣。

男生2006年毕业于京城一所普通高校，留京非常困难，在家务农的父亲想方设法联系上了在县里一个当副局长的远房亲戚，希望能找到当地好工作，但是迟迟没有消息，在家又无事可做，于是他重返北京。他说，其实他2006年返京还有一个很重要的原因就是他的女友。之前他说要回家乡去的时候，女友并不同意，女友是一个小镇工人的女儿，也不愿意回到孤独的父亲身旁，"年轻，奋斗几年再说，重要的是希望，有希望就有将来！"，她告诉我们。刚开始男友没有返京，她一个人住在这里——六郎庄一个小院里一间8平方米的小屋，虽然倍感孤独，但是希望在前方，她仍旧不停奋斗。

后来男生返京,放弃了老家的工作。两个人如今就住在六郎庄为着梦想而奋斗,虽然也想过放弃,工作也是时有时无,但是他们还是坚持下来了,男生准备考公务员,女生则一直想考进中国人民大学读研究生。

四、社会对"蚁族"大学生群体的关注

从访谈中我们发现,蚁族的生存状况存在着各种各样的问题。这样一个日趋庞大的群体,却显得如此弱小,在社会中几乎没有什么地位可言。此外,我们利用网络工具对认识的人(多为同龄的大学生)进行了简单的访谈,大部分人表示只是听过这个名词,但缺乏具体了解。

可喜的是,近年来随着"蜗居""蚁族"等网络热词的出现,公众对这一特殊的群体也越来越关注了,不管是普通民众,学者,还是政府相关政策制定者,他们对这个特殊的群体有了更多深入的了解。

1.社会公众广泛关注"蚁族"大学生群体

由搜狐焦点推出的网络调查显示,63%的网民听说过"蚁族",可见这一特殊群体的受关注度颇高。在另一项关于如何看待"蚁族"的调查中发现,49%的人认为"蚁族"是城市生活的边缘人,33%的人认为"蚁族"是有梦想的80后。总体来说,根据我们的访谈和资料搜集的情况,公众对"蚁族"的观点有以下几种:

(1)从蚁族本身的精神状貌出发,认为他们是一个敢于追求,勇于奋斗的群体。

(2)站在整个社会利益的角度审视,认为这是一个盲目迷恋于大城市,不能够把自身价值与社会所需正确结合起来的群体。

(3)以局外人的身份评价,认为他们是城市中的边缘人,是大学扩招、社会城市化过程中的牺牲品。

2.学者廉思率队深入调研"蚁族"两年

北京大学博士后、学者廉思和他的团队从2007年开始从事"蚁族"研究。2007年底,廉思组织了针对这一群体的第一次大规模社会调查,这也是国内对这一群体最早的调查。2008年3月,由廉思主笔完成的近5万字的"蚁族"研究报告,经有关部门报送中央。4月,报告受到中央领导同志的高度重视。此后,廉思一直关注"蚁族"的发展态势及可能引发

的社会问题。2008年8月，廉思自筹经费，整合各方面资源，成立了由心理学、社会学、统计学、经济学等学科研究生组成的科研团队，开始专门从事"蚁族"的研究工作。同年底，他们展开了针对"蚁族"的第二次大规模社会调查，获得了有关这一群体工作、学习、婚恋、业余生活、社会公正感、生活满意度、网络行为、心理健康等方面的大量第一手数据与实证资料。

廉思和他的团队对于"蚁族"的研究深入细致，记录下了目前"蚁族"群体存在的各种问题，也记录下了他们的辛酸与无奈，他们的需求与梦想，他们的声音与文化。

之后，全国主要"蚁族"聚居城市都相继开展了当地"蚁族"现状的调研研究，受到当地政府的高度重视。

3. 政府出台相关政策，建设公租房

北京市相关部门已经开始着手为该群体立法，并已经开始了初步的调研工作，"蚁族"困境有望得到较好的解决。

另外，北京已启动包括海淀区唐家岭村、丰台区夏家胡同村等50个卫生环境脏乱、社会治安秩序较乱的市级挂账整治督办重点村改造工程，并限期完成整治。根据相关文件指示，除了产业用地，将留出一部分土地用于建设公租房，供外来人口居住。

五、"蚁族"大学生群体出路新探

"蚁族"是一群心怀梦想并为之不懈奋斗的人，是一群能吃苦耐劳卧薪尝胆的人，是一群坚持自己的理想永不放弃的人。他们身上这些珍贵的品质值得我们学习的。另外，基于此次调研，我们给出如下几点建议：

1. "蚁族"及在校大学生

树立正确的择业就业观，把自己的未来与社会的需要有机结合起来，积极投身到祖国最需要我们的地方去。提高专业技能与综合素质，立足自身，找准定位，虚心学习，积极向老职员请教，积累工作经验，提高业务水平，快速渡过学校到社会的转型期。

2. 政府与社会

加强教育，帮助大学生树立正确的择业观与就业观，鼓励大学生投身基层发展。为蚁族提供平等的就业环境，消除就业系统中存在的户籍歧视性别歧视等问题。对蚁族聚居的城中村进行改造，建设公租房，改善蚁族的居住条件。

社会应该给蚁族群体更多关注，建议由政府牵头，成立"蚁族"群体协会，帮助维护"蚁族"们的合法权益；为刚毕业大学生提供职业上岗培训；给"蚁族"群体搭建交流平台，分享各自经历与经验，从而更快地走向成熟的就业者。

后 记

在清华，每年会有三千多名同学参加"课前调研"，并写作调研报告。十七年下来，我们课程组的每一位老师都积累了成千上万的学生调研报告。这次编入《清华学子走进社会》的报告虽然只有14篇，但都是各位老师从过去三年上万篇调研报告中仔细比较、挑选出来的。每位老师为了指导学生开展社会调查、写作报告和批改报告，都付出了巨大的心血。因此，这本书得以能形成，首先要感谢课程组的每一位老师，包括已经退休的刘美珣教授、孔祥云教授，两位教授先后担任课程组负责人，在教学改革探索、年轻教师传帮带、形成课程组优良传统上，作出了开创性的贡献，为我们树立了最好的榜样。在书的编辑过程中，孔祥云教授、肖贵清教授、解安教授、夏凯平副教授、陈明凡副教授、冯务中副教授牺牲了大量休息时间，不厌其烦地从大量调研报告中精中选优。肖贵清教授更是从头到尾仔细地阅读了书的初稿和修改稿，提出了大量宝贵的修改意见。

我们也要感谢学校和学院的支持，没有学校和学院的鼓励与出版支持，也不会有这本书的公开出版。在编辑过程中，校党委副书记兼院党委书记邓卫教授、院长艾四林教授都多次亲自过问，并提出宝贵意见。

我们更要感谢每位作者，他们强烈的社会责任感、清晰的问题意识、细致的社会调查和认真的写作最终成就了这本书的精华，同学们在其中的投入和产出都远远超过我们的预期。最后，我要感谢硕士研究生李戈，从初稿到修改稿，从文字到格式调整，他协助我做了大量细致而出色的工作。

作为一本学生实践报告集，也许学生们的观点还有点稚嫩、观察也不那么深入，但的确凝和代表了当代清华学子对社会的观察、记录、参与与责任，我们也希望今后还把报告集继续编下去，我们相信这本身也是对我国波澜壮阔的改革开放以及中华民族的伟大复兴的一种最富有青春活力的记录。